경제는 어렵지만
부자가 되고 싶어

Finance 101 for Kids:
Money Lessons Children Cannot Afford to Miss
Copyright © 2016 by Walter Andal

Korean translation copyright © 2021 by Will Books Publishing Co.
This Korean edition published by arrangement with Walter Andal through YuRiJang Literary Agency.

이 책의 한국어판 저작권은 유리장 에이전시를 통해 저작권자와 독점 계약한 ㈜윌북에 있습니다. 저작권법에 의하여 한국 내에서 보호를 받는 저작물이므로 무단 전재 및 복제를 금합니다.

경제는 어렵지만
부자가 되고 싶어

월터 안달 지음
김선희 옮김 · 김조이 그림

부모들을 위한 서문	8
등장인물 소개	13
1장 금융이 뭘까?	14
2장 돈은 처음 어떻게 생겨났을까?	22
3장 돈을 버는 방법	32
4장 돈의 힘	42
5장 신용이란 뭘까?	56

차례

6장 신용을 관리하는 법 68

7장 저축을 하자! 84

8장 돈과 경제 100

9장 주식 시장 114

10장 세상을 돌고 도는 돈 130

챌린지 정답 145

부모들을 위한 서문

　어느 날 쇼핑몰을 한가로이 돌아다니는데, 아홉 살이던 아들 앤절로가 비디오게임 가게에 닌텐도 3DS XL이 화려하게 전시된 모습을 보고는 저 새 닌텐도를 사 줄 수 있느냐고 예의 바르게 물었어요. 저는 당장은 사 줄 돈이 없다고 아들에게 말했지요. 그랬더니 아들 녀석이 천진난만하게 대꾸했어요.

　"하지만 아빠, 아빤 돈이 필요 없잖아요. 신용 카드 쓰면 되잖아요."

　앤절로와 비슷하게, 많은 초등학생 아이들이 신용 카드가 있으면 돈은 필요 없다고 생각하더라고요. 나중에 조사를 좀 더 해 보니 중학생들 또한 저축, 신용, 투자, 금융에 대해 제대로 이해하지 못하는 경우가 많았습니다. 학교에서 공부를 꽤 잘한다는 아이들조차 말이에요.

　우리 부모들은 개인 금융을 관리하는 게 얼마나 중요한지 잘 압니다. 우리는 예산을 짜고, 대출을 받고, 투자할 때 금융 지식을 활용합니다. 잘못된 결정은 생활에 커다란 영향을 미칠 수 있습니다. 그러므로 현대를 살아가는 사람은 금융에 대한 기본적인 이해가 꼭 필요하지요. 하지만 여러분이 그 중요성을 잘 안다 해도, 아이들은 학교에서 금융에 대해 제대로 배울 기회가 정말 턱없이 부족합니다. 고등학교에 가서야 아이들은 경제나 수학 시간에 금융의 개념을 배웁니다. 그래도 아이들 대다수가 신용 카드를 어떻게 사용하는지, 지나친 부채와 연체가 어떤 결과를 가져오는지 등 실제적인 금융의 작동 원리를 잘 알지 못합니다. 대학에서 경제를 배우는 몇몇 학생만 공부할 뿐이지요.

　부모로서 저는 가능한 한 일찍부터 아이들에게 금융에 대해 가르쳐야 한다고 생각합니다. 운동하는 법을 가르쳐 주면 인내심과 팀워크를 발휘하게 되듯, 태권도나 유도를 꾸준히 연습하면 자제력과 규율을 지키는 힘이 생기듯, 음악과 미술이 창의성과 자기표현을 자극

하듯, 금융에 대한 적절한 교육과 훈련은 좋은 금융 습관을 키워 줍니다. 전자 상거래가 수시로 이루어지고 소비 지상주의가 지배력을 키워 가는 이 세상에서 살아가려면 금융을 제대로 이해하고 있어야 합니다. 그래야 엄청난 대출을 받거나 감당하기 힘든 신용 카드 빚을 지지 않고 자신의 소비를 통제할 수 있게 됩니다.

저희 어머니는 자식들에게 돈과 저축의 중요성을 아주 어릴 때부터 가르쳐 주셨습니다. 은행 계좌를 개설하고, 용돈과 선물로 받은 돈을 모아 저축하게 시켰어요. 또한 신중하게 돈을 쓰라고 가르쳤습니다. 일찌감치 저희 형제에게 돈과 금융에 대해 가르쳐 준 어머니를 포함해 많은 부모님께 박수갈채를 보냅니다. 아직 시작하지 못했어도 괜찮습니다. 지금부터라도 아이들에게 가르친다면 늦지 않았으니까요. 자신의 금융 지식에 확신이 없는 부모라면, 잠시 시간을 내서 기초 금융에 대해 다시 공부하면 됩니다. 그러고 나서 그 지식을 자녀에게 알려 주세요.

저는 이 책을 쓰며 금융에 대한 정보를 재미있게 소개하려 최선을 다했습니다. 이 책의 주된 독자는 9세부터 13세까지의 초등학생 아이들이지만, 금융에 대한 사전 지식이 없는 성인도 이 책이 도움이 될 거예요. 아이들을 모든 걸 다 아는 투자자나 비즈니스 거물로 변신시킬 의도로 이 책을 쓴 것은 아닙니다(그렇게 된다면 아주 놀랍고 뿌듯하겠지만요). 이 책의 목표는 기초적이지만 중요한 금융 지식을 알려 주고 아이들이 스스로 책임감을 느끼고 똑똑하게 돈 관리를 하도록 돕는 것입니다.

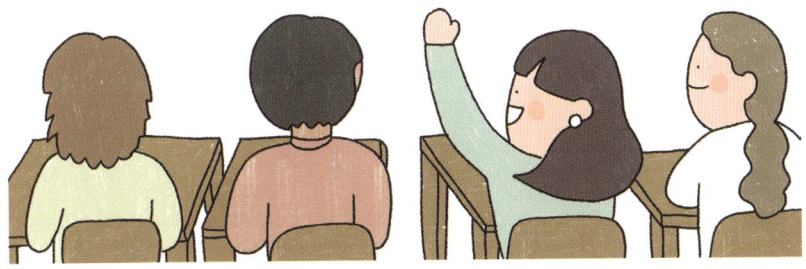

수업에 잘 왔어요!

안녕하세요! 저는 허니 선생님입니다. 저는 오랫동안 역사와 수학을 가르쳐 왔지만, 제가 정말로 좋아하는 일은 여러분과 같은 아이들에게 돈에 대해 가르치는 거예요. 지금부터 여러분에게 금융 세상을 소개할 겁니다. 여러분은 돈에 대해 여러 가지를 배우며 멋진 시간을 보내게 될 거예요. 걱정할 필요 없어요! 이 수업은 재미있을 테니까요. 앞줄에 앉은 다섯 친구가 저를 도와서 이 수업을 더욱 흥미진진하게 해 줄 거예요. 올리비아, 조지, 앤드루, 베니, 클로이에게 도와줘서 고맙다고 미리 인사해 볼까요?

시작할 준비 되었나요? 자, 이제부터 재미있게 배워 봅시다!

✦ 등장인물 소개 ✦

허니 선생님
선생님이지만 가끔 지각을 한다.
가장 좋아하는 일은 학생에게 질문 받기.

올리비아
부자가 되고 싶고
배우고 싶은 것도 많아서
대학에 꼭 가기로 결심했다.

앤드루
음악에 조예가 깊고
다양한 과자를 사랑한다.

조지
춤추기와 덤벨 들기가 취미.
돼지 농장 집 둘째다.

베니
남들이 모르고 자기는 아는 것을
가르쳐 주길 좋아하는 수다쟁이.

클로이
특기는 베이킹과 길 찾기.
직접 꾸민 과자점을 차리는 것이 꿈이다.

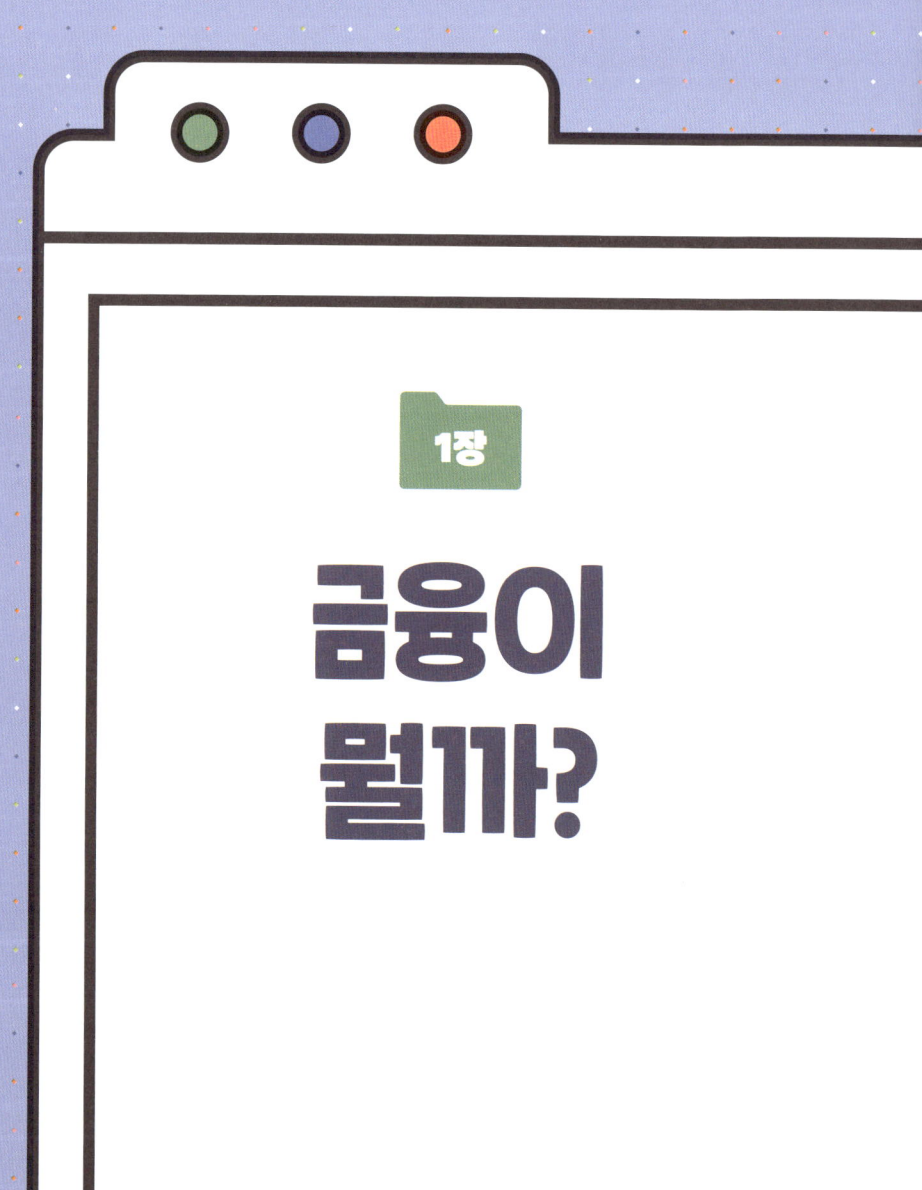

1장
금융이 뭘까?

저는 돈에 대해 설명하기를 무척 좋아합니다. 돈은 매우 귀중하고 유용하니까요. 오늘날 일상생활을 하는 데 돈은 무척 중요한 일부예요. 게임, 옷, 샌드위치, 책, 스마트폰 같은 재화를 사려면 돈이 있어야 해요. 많은 사람이 쇼핑을 즐깁니다. 하지만 돈이 있어야 원하는 물건을 살 수 있지요.

▫ 돈 money
재화와 서비스를 얻기 위해 맞바꿀 수 있는 것

▫ 재화 goods
눈으로 보고 손으로 만질 수 있는 실제로 존재하는 물건

일상생활에 필요한 서비스를 받고 싶을 때도 돈을 내야 합니다. 부모님이 자동차를 수리할 일이 생기면 자동차 정비소에 수리비를 지불해야 해요. 배관공이 물이 새는 걸 고쳐 주면 그 대가로 돈을 내고, 아플 때 병원에 가서 진료를 받으면 병원에 돈을 지불하지요. 여러분이 잘 모를 수도 있겠지만, 우리 집에서 사용하는 전기, 텔레비전, 인터넷도 모두 돈을 내야 합니다.

▫ 서비스 services
다른 사람을 위해 노력을 제공하는 일

▫ 소비 spend
서비스의 값을 내거나 물건을 사는 데 돈을 쓰는 일

▫ 저축 save
미래를 위해 돈을 모아 두는 일

누군가 여러분에게 돈을 주면, 여러분은 그 돈을 소비할지 아니면 미래를 위해 저축할지 선택하게 돼요. 돈을 쓴다고 잘못하는 건 아니에요. 특히 꼭 필요한 물건을 사거나 서비스를 누리기 위해서라면 말

이지요. 하지만 저축하는 것 역시 무척 중요한 일이에요. 저축을 해 두면 앞으로 필요해질 값비싼 물건과 서비스를 구입하는 데, 이를테면 자동차, 주택을 사거나 대학 교육을 받는 데 쓸 수 있거든요. 또한 돈을 모아 두면 앞으로 언제든 발생할 수 있는 예상치 못한 비용과 위기 상황에 잘 대처할 수 있답니다.

정말로 흥미로운 사실은 돈을 적절한 곳에 잘 쓰면 돈이 불어날 수도 있다는 거예요. 이것을 **투자**라고 불러요. 젊은 사람이든 나이 든 사람이든 누구나 **저축금**을 투자해 돈을 더 많이 벌 수 있어요. 그러니까 일찍 투자를 시작하면 할수록, 시간이 지날수록 돈이 더 많이 불어날 수 있다는 것이지요.

□ **투자** investing
미래에 가치나 이익이 불어날 것을 기대하고 돈을 쓰는 일

□ **저축금** savings
미래를 위해 모아 두는 돈

□ **자선 단체** charity
필요한 사람에게 도움을 제공하는 단체 또는 조직

그런데 여기에서 꼭 짚고 넘어가야 할 게 하나 있어요. 저축, 소비, 투자 말고도 돈을 쓰는 방법이 있어요. 돈으로 다른 사람을 도울 수 있다는 거 혹시 알고 있나요? 여러분은 **자선 단체**를 후원해서 누군가의 삶에 변화를 불러올 수 있어요. 누군가를 돕고 가치 있는 일에 이바지하는 것은 참 기분 좋은 일이에요. 이 부분에 대해서는 나중에 다시 알려 줄게요.

돈으로 할 수 있는 멋진 일이 무척이나 많기에, 사람들은 돈이 많이 있으면 얼마나 좋을까 꿈꾸곤 합니다. 하지만 돈을 많이 벌기란 그렇게 쉬운 일은 아닙니다. "돈은 나무에서 뚝 떨어지지 않는다"라는 말 들어 본 적 있나요? 이 말은 나무에 저절로 열린 사과를 따듯

쉽게 돈을 얻을 수 있는 게 아니라는 뜻입니다. 돈을 벌려면 일을 해야 해요.

여러분 부모님이나 보호자는 직장에 다니나요? 대부분의 어른들은 생계를 꾸리기 위해 일을 합니다. 성인은 보통 하루 8시간, 일주일에 닷새씩 일해요. 이보다 훨씬 오랜 시간 일해야 하는 직업도 있고요. 어쨌든 돈을 벌려면 많은 시간, 에너지, 기술을 들여야 합니다. 하지만 직장을 다닐 때 따라오는 보상은 단순히 돈을 버는 것 그 이상일 수 있어요. 새로운 것을 창조하고, 사회에 기여하고, 흥미로운 서비스를 제공하고……. 이 모든 게 일을 하기 때문에 이루어집니다.

그런데 여러분이 돈을 다룰 때 마주하게 될 위험 또한 분명히 있습니다. 자신이 버는 돈보다 더 많이 쓰면, 그 사람은 결국 나중에 빈털터리가 될 수밖에 없어요. 때때로 사람들은 그동안 힘들게 모은 돈을 잘못된 곳에 투자해서 손해를 보기도 합니다. 돈을 제대로 관리하지 않거나 지키지 못하면 돈을 잃을 수도 있어요. 힘겹게 번 돈을 잃으면 분명 엄청난 스트레스를 받을 거예요. 특히, 그 결과로 여러분은 필요한 물건을 살 수 없어진답니다.

　　돈 버는 방법, 그리고 번 돈을 잘 관리하는 방법을 아는 건 정말정말 중요해요. **금융**에 대한 지식은 아주 유용하고, 우리는 이를 제대로 배울 책임이 있습니다. 금융은 간단히 말해 돈을 관리하는 과정이라고 할 수 있어요. 금융에 대해 잘 알아 두면 돈을 어떻게 벌까 결정할 시간이 다가왔을 때 훌륭한 선택을 할 수 있습니다. 더욱 중요한 건, 돈이 작동하는 법을 이해하면 여러분이 소비하고, 저축하고, 투자할 때 더욱 현명한 결정을 내릴 수가 있다는 거예요.

　　오늘은 금융에 대해 배우는 정말 멋진 날이에요! 다음 장에서는 더 많은 내용을 알려 줄게요.

□ **금융** finance
돈을 벌고, 관리하고, 쓰는 방법

CHALLENGE TIME

*정답은 146쪽에!

해당되는 단어 설명에 줄을 그어 주세요. ✓

돈	미래를 위해 돈을 모아 두는 일
재화	돈을 벌고, 관리하고, 쓰는 방법
서비스	미래에 가치나 이익이 불어날 것을 기대하고 돈을 쓰는 일
소비	미래를 위해 모아 두는 돈
저축	눈으로 보고 손으로 만질 수 있는 실제로 존재하는 물건
투자	다른 사람이 노력을 제공해 주는 일
저축금	재화와 서비스를 얻기 위해 맞바꿀 수 있는 것
자선 단체	서비스의 값을 내거나 물건을 사는 데 돈을 쓰는 일
금융	필요한 사람에게 도움을 제공하는 단체 또는 조직

(돈 — 재화와 서비스를 얻기 위해 맞바꿀 수 있는 것)

2장

돈은 처음 어떻게 생겨났을까?

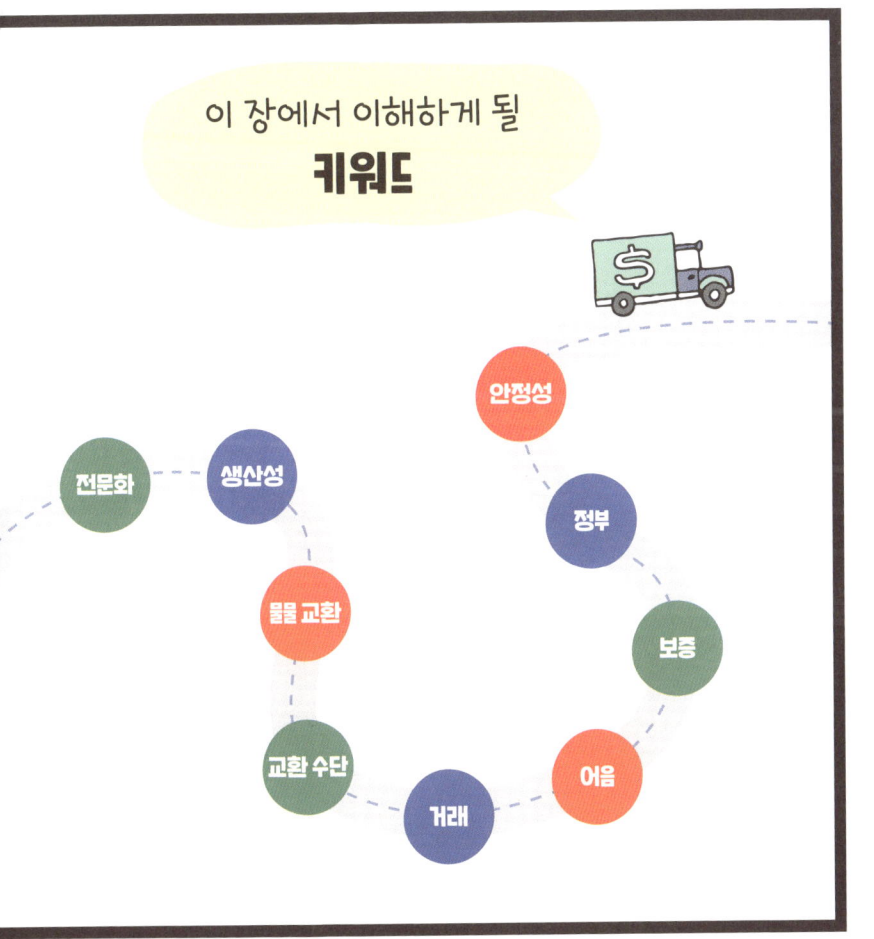

수천 년 전, 그러니까 돈이 세상에 탄생하기 전에 사람들은 자급자족하며 살았어요. 자급자족이란 자기한테 필요한 물건을 직접 만들어서 쓰는 생활방식을 말해요. 사람들은 작은 마을에 모여 살았지요. 당시 삶은 아주 단순했어요. 주로 사냥을 해서 삶을 이어 갔고, 먹을 게 떨어지면 살던 곳을 떠나 다른 곳으로 삶의 터전을 옮겼어요. 이렇게 사는 동안 돈은 필요하지 않았어요.

시간이 지나면서 사람들은 특별한 기술을 익혀 나갔어요. 어떤 사람은 소, 돼지, 양을 키우는 법을 터득했어요. 어떤 사람은 작물과 곡식을 심고 가꾸는 데 아주 뛰어났고, 몇몇은 고기잡이, 굴 파기, 나무 깎기에 재능이 있었어요. 집을 뚝딱뚝딱 잘 짓는 사람, 옷을 예쁘게 만드는 사람, 밥을 맛있게 하는 사람, 이야기를 유난히 재미있게 들려주는 사람도 있었죠. 사람들은 자기 능력을 **전문화**하는 법을 배웠어요. 집중해서 능력을 키울 한 가지 일을 선택한다는 뜻이에요. 전문화로 **생산성**도 커졌어요. 그러면서 사람들은 자신이 필요한 것보다 많은 재화를 생산할 수가 있게 됐지요.

▫ **전문화** specialization
정말로 잘할 수 있는 한 가지를 선택하는 일

▫ **생산성** productivity
재화를 만들거나 서비스를 제공할 수 있는 능력

전문화로 자신이 할 수 있는 일에만 집중하게 되자, 자신이 생산할 수 없는 재화나 자기 힘으로는 할 수 없는 일도 생겨났어요. 그럴 때는 내가 가진 것을 다른 사람의 재화나 노동력과 바꾸어야만 해요. 예를 들어 농부가 집을 지으려면 목수의 도움이 꼭 필요해요. 목수는 먹을거리를 구하려면 농부의 도움이 필요하고요. 이렇게 서로에게 필요한 것을 교환하기 시작했지만, 지폐나 동전을 사용하지는 않았어요. 당시 사람들은 **물물 교환**을 했거든요.

▫ **물물 교환** bartering
돈을 사용하지 않고 재화와 서비스를 교환하는 행위

물물 교환은 돈 없이도 재화나 서비스를 맞바꾸는 걸 말합니다. 친구들과 서로 장난감이나 카드를 바꾸고, 게임을 바꿔서 하고, 간식을 바꿔 먹는 것과 비슷하지요? 돈이 사용되기 전에는 농부가 자기 암소 한 마리를 돼지 두 마리와 교환하는 식으로 필요한 것을 얻었어요. 목수는 음식이나 연장을 받기로 하고 헛간을 지어 주었고요.

재화나 서비스를 교환해 줄 다른 사람을 찾을 수 있다면 물물 교환을 할 수 있어요. 하지만 늘 제대로만 되었던 건 아니랍니다. 만약 암소 주인이 자기 암소 한 마리는 적어도 돼지 두 마리와 값어치가 같다고 생각하는데, 암소와 교환할 돼지를 찾지 못하면 어떻게 될까요? 돼지 주인에게 작은 돼지 한 마리밖에 없다면 어떻게 할까요? 암소

주인은 자신의 암소를 돼지 대신 빵이나 연장과 맞바꾸려 할까요? 암소와 같은 값어치가 나가는 물건을 찾을 수 없으면 암소 주인은 자기 소를 다른 것과 바꾸려 하지 않을 거예요. 그러니까 물물 교환은 항상 이루어지는 것이 아니에요. 마땅한 물건을 찾지 못하면 물물 교환은 일어날 수 없어요.

거래가 늘어나면서, 사람들은 금이나 은 같은 귀금속으로 재화를 교환하는 방법을 익히게 되었어요. 금은 귀하고 아름다운데다 덩어리로 주조할 수 있는 금속이라, 누구나 다른 물건과 맞바꾸어 주었어요. 금의 가치는 그 무게로 결정했지요. 금이 **교환 수단**으로 널리 받아들여지고부터 거래는 더욱 활발해졌어요.

□ **거래** transaction
재화와 서비스를 사거나 파는 것

□ **교환 수단** instrument of change
교환하는 데 사용할 수 있는 물건

그런데 교역에 금을 사용하면 한 가지 단점이 있어요. 거래 행위가 활발해질수록, 너무 무거운 금덩어리를 싣고 다녀야 하는 부담이 생기는 거죠. 넓은 농장이나 커다란 배를 사고 싶을 경우에는 도대체 금을 얼마나 가져가야 할지 한번 상상해 보세요.

하지만 곧 이에 대한 해결책이 나타났어 요. 사람들은 금을 전문적으로 다루는 금세공인이나 은행가에게 금을 안전하게 맡겨 두

> **어음** note
> 가지고 있는 사람에게 지불을 약속하는 종이

는 게 훨씬 편리하다는 걸 깨달았어요. 금세공인과 은행가는 금을 맡긴 사람에게 **어음**을 발행하고요. 어음이란 얼마나 많은 금을 맡아 놓았는지 적어 둔 종이입니다. 어음은 은행에 가서 금으로 바꿀 수 있었어요. 또 거래할 때 금 대신 그냥 어음을 사용할 수도 있었지요. 그러면 그다음에는 어떻게 되었을까요? 실제 금에 해당하는 가치를 지니고 있으니까, 어음이 시장에서 활발히 유통되었어요. 상인들은 어음을 재화와 서비스의 대가로 받아들였지요. 그 결과, 어음 또는 지폐(1000원짜리, 5000원짜리, 10000원짜리…)가 평범한 거래의 수단이 되었어요. 금과 은으로 만든 동전도 사용하기 시작했는데, 곧 구리와 다른 혼합 금속으로도 만들게 되었죠.

흥미롭게도 여러분이 오늘날 사용하는 돈은 이제 금을 대신하지 않아요. 물론 돈으로 금을 살 수는 있지만 말이에요. 지폐는 종이에 인쇄한 돈인데, 그 종이 자체는 가치가 그다지 크지 않아요. 그러니 여러분은 다음과 같이 질문할지도 모르겠네요.

> 선생님, 그런데 왜 제 돈에 그런 가치가 있는 건가요?

여러분의 돈이 가치를 유지하려면 누군가가 가치를 **보증**해 줘야 합니다. 보증은 가치가 유지될 거라는 약속을 말해요. 오늘날 우리가 사용하는 돈의 가치는 **정부**가 보증해 줍니다. 우리는 정부의 보증, 그러니까 약속을 믿고 돈을 사용하는 것이지요. 정부가 보증하고 사람들이 정부를 믿는 시스템이 돈의 **안정성**과 가치를 유지해 줍니다.

▢ **보증** guarantee
조건이 충족될 것이라는 약속

▢ **정부** government
국가나 공동체를 이끄는 집단

▢ **안정성** stability
안전하며 변화나 실패 가능성이 낮은 성질

*정답은 147쪽에!

CHALLENGE TIME

해당되는 단어 설명에 줄을 그어 주세요. ✓

전문화 ●	● 교환하는 데 사용할 수 있는 물건
생산성 ●	● 재화와 서비스를 사거나 파는 것
물물 교환 ●	● 정말로 잘할 수 있는 한 가지를 선택하는 일
거래 ●	● 재화를 만들거나 서비스를 제공할 수 있는 능력
교환 수단 ●	● 가지고 있는 사람에게 지불을 약속하는 종이
어음 ●	● 돈을 사용하지 않고 재화와 서비스를 교환하는 행위
보증 ●	● 조건이 충족될 것이라는 약속
정부 ●	● 안전하며 변화나 실패 가능성이 낮은 성질
안정성 ●	● 국가나 공동체를 이끄는 집단

3장
돈을 버는 방법

소득 · 급여 · 사업 · 피고용인 · 고용주

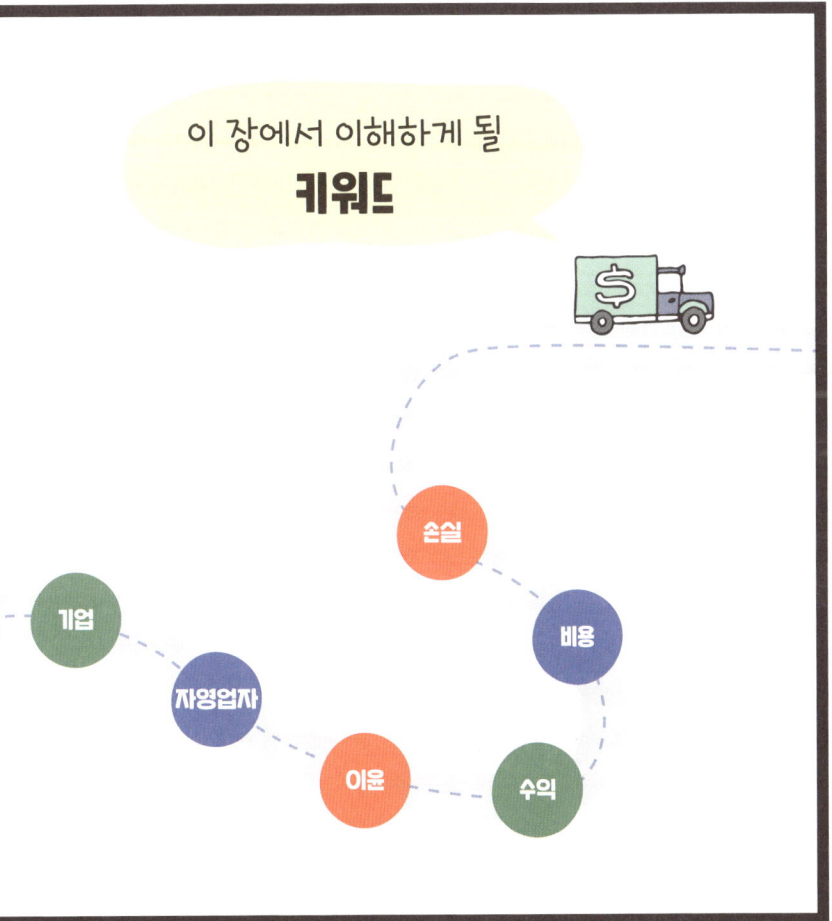

돈을 쓰려면 **소득**이 있어야 합니다. 소득에는 여러 유형이 있어요. **급여**의 형태로 받을 수도 있고, **사업**을 해서 이윤을 낼 수도 있고, 투자를 해서 돈을 모을 수도 있어요. 아니면 친구나 가족이 선물로 돈을 줄 수도 있겠네요. 지금부터 소득의 여러 원천을 살펴보도록 합시다.

☐ **소득** income
벌어들이는 돈

☐ **급여** salary
서비스를 제공한 대가로 노동자가 받는 돈

☐ **사업** business
물건을 팔거나 서비스를 제공하고 소득을 불러오는 활동

다른 사람을 위해 일해서 버는 돈

소득이 생기려면 일을 해야 합니다. 대부분의 어른은 직업을 통해 돈을 벌어요. 다른 사람을 위해 일하는 사람을 **피고용인**이라고 하고, 일자리를 제공하는 사람은 **고용주**라고 해요. 고용주는 개인일 수도 있고, **기업**일 수도 있고, 정부일 수도 있어요. 피고용인은 고용주를 위해 일을 해 준 대가로 급여를 받습니다.

☐ **피고용인** employee
돈을 벌려고 다른 사람 또는 조직을 위해 일하는 사람

☐ **고용주** employer
일자리를 제공하는 사람 또는 조직

☐ **기업** corporation
돈을 벌려고 함께 활동하는 사람들의 조직. 회사 또는 사업체

　여러분 부모님은 어떤 일을 하며 생계를 꾸리시나요? 여러분은 어른이 되면 부모님과 같은 일을 하고 싶나요? 어떤 일자리는 돈을 많이 벌지만, 그 일을 하려면 공부를 많이 하고 힘든 훈련을 견뎌 내야 할 수도 있어요. 다음 표에다 여러분이 관심 있어 할 만한 직업의 평균 연봉을 적어 보았어요. 그 직업을 얻는 데 필요한 학교 교육과 훈련 기간도 나와 있어요.

직업별 연봉 추정치와 필요 조건

*출처: 한국고용정보원 2019 한국직업전망.
괄호 안은 미국의 경우(2015년 기준).

직업	평균 연봉	필요한 조건
항공기 조종사	자격과 숙련도에 따라 상이 (10만 1852달러)	항공기 종류에 따라 만 18~21세 이상 +대학 교육 4년+자격증+많은 비행 경험 (대학 교육 4년+항공 아카데미 훈련+많은 비행 경험)
건축 목공	2940만 원 (4만 1354달러)	목공 훈련 (3~4년 훈련)
소프트웨어 개발자	4800만 원 (5만 8436달러)	대학 교육 2~4년 (대학 교육 2~4년)
치과 의사	6000만 원 (12만 3922달러)	치과 대학 6년 또는 치의학 전문 대학원 4년+자격증 (대학 교육 4년+치과 대학 4년)
내과 의사	9600만 원 (13만 8248달러)	의과 대학 6년 또는 의학 전문 대학원 4년+자격증 (대학 교육 4년+의과 대학 4년+레지던트 3년 이상)
초등학교 교사	3960만 원 (4만 1561달러)	대학 교육 4년+자격증 (대학 교육 4년)
전기 공학 기술자	4806만 원 (7만 675달러)	대학 교육 2~4년 (대학 교육 4~5년)
회계사	7200만 원 (5만 6469달러)	자격증 (대학 교육 4년)
소방관	4200만 원 (4만 3915달러)	18세 이상+소방 학교 훈련+자격증 (대학 교육 2~4년+소방학교 훈련)
변호사	8400만 원 (7만 7251달러)	대학 교육 4년+법학 전문 대학원 3년+자격증 (대학 교육 4년+법학 전문 대학원 3년)

경찰관	4560만 원 (4만 8336달러)	20~21세 이상+경찰학교 훈련+관련 자격증 (대학 교육 2~4년+경찰 학교 훈련)
간호사	3000만 원 (5만 7672달러)	대학 교육 3~4년+자격증 (대학 교육 2~4년)

직업을 선택할 때 꼭 명심해야 할 게 있어요. 급여나 그 직업의 인기만 보아서는 안 돼요. 어떤 일이든 자기가 그 일을 즐기는 게 무척 중요하거든요.

직접 재화와 서비스를 제공하고 버는 돈

가게나 사업을 운영하는 사람, 예를 들면 식당 주인을 만난 적 있나요? 고용주나 사용자를 위해 일하는 대신 스스로 차린 일로 돈을 버는 사람들을 자영업자 또는 사업 소유자라고 불러요. 이 사람들은 자신이 운영하는 사업에서 이윤을 얻어서 돈을 벌지요.

▫ 자영업자
self-employed
혼자 일해서 생계비를 버는 사람

▫ 이윤 profit
사업을 운영해서 지출보다 수입이 많을 때 버는 돈

수익을 모두 더한 다음 비용을 빼면 이윤이 얼마인지 알 수 있어요. 비용에는 사무용품 구입비, 사무실 임대료, 직원 봉급 등이 모두 포함되겠지요. 이윤이 얼마인지 확인하는 기초적인 공식은 다음과 같습니다.

□ **수익** revenue
재화나 서비스를 팔아서 번 돈

□ **비용** expense
사업을 운영하려고 지출한 돈

기업은 전체 수익이 전체 비용보다 클 때 이윤을 얻습니다. 모든 자영업자의 목표는 상당한 이윤을 계속해서 얻는 거라고 할 수 있어요. 기업이 이윤을 낸다는 건 그 사업의 소유자가 돈을 번다는 뜻이에요. 이윤으로 사업을 성장시키고 확장할 수 있어요. 한편 비용이 수익보다 많을 때는 손실이 발생합니다. 손실이 나는 동안, 버는 돈보다 많은 돈이 주머니에서 나가지요. 자영업자나 사업체 운영자는 누구도 손실을 원하지 않아요. 만약 사업이 계속 손실을 낳으면, 그 사업주는 어쩔 수 없이 사업을 접어야 해요.

□ **손실** loss
이윤의 반대로, 수입보다 지출이 많을 때 발생하는 결과

CHALLENGE

척척 박사 도전!

다음 십자말풀이를 해보세요.

*정답은 148쪽에!

 가로 단어

① 벌어들이는 돈
② 재화나 서비스를 팔아서 번 돈
③ 혼자 일해서 생계비를 버는 사람
④ 서비스를 제공한 대가로 노동자가 받는 돈
⑤ 돈을 벌려고 다른 사람 또는 조직을 위해 일하는 사람

 세로 단어

❶ 돈을 벌려고 함께 활동하는 사람들의 조직. 회사 또는 사업체
❷ 이윤의 반대로, 수입보다 지출이 많을 때 발생하는 결과
❸ 물건을 팔거나 서비스를 제공하고 소득을 불러오는 활동
❹ 사업을 운영해서 지출보다 수입이 많을 때 버는 돈
❺ 일자리를 제공하는 사람이나 조직

돈이 나를 위해 일하게 하자!

은행에 돈을 **예금**하면 **이자**를 받기 때문에 시간이 흐르면 돈이 불어납니다. 이자는 은행이 고객에게 지불하는 돈이에요. 은행은 고객이 맡긴 돈을 투자에 사용할 수 있어요. 다시 말해 여러분이 은행에 돈을 맡긴다면, 그건 은행이 여러분의 돈을 사업에 이용하도록 허락해 준다는 뜻이랍니다. 그래서 은행은 돈을 사용한 대가로 고객에게 이자를 지급하는 겁니다.

☐ **예금** deposit
은행에 돈을 맡기는 것

☐ **이자** interest
돈을 빌려 사용하는 대가로 지불하는 비용

☐ **원금** principal
투자한 원래 금액

☐ **금리** interest rate
빌려준 돈이나 예금에 붙는 이자 또는 그 비율

☐ **기간** term
투자 또는 대출을 위한 일정한 시간

이자를 얼마나 받을 수 있는지 확인하려면 세 가지를 알아야 합니다.

- 원래 돈의 양. 이것을 **원금**이라고 합니다.
- **금리** 또는 이자율. 은행이 고객의 돈을 사용하기 위해 지불하는 이자의 비율을 말해요. 흔히 퍼센트로 표시합니다.
- 은행에 돈을 맡기는 시간을 **기간**이라고 불러요.

4장. 돈의 힘

이 세 가지를 갖고서 다음과 같이 계산하면 이자를 얼마나 받을 수 있는지 확인할 수 있어요.

이자 = 원금(돈의 양) × 금리(이자율) × 기간(시간)

예를 들어 조지가 돈많이모아은행에 100만 원을 예금했다고 생각해 봅시다. 이 은행은 3퍼센트 이자를 지급해요. 3년 동안 돈을 맡겨 두었다면, 조지는 이자로 얼마를 받을까요?

방금 배운 공식을 활용해 봅시다.

이자 = 100만 원 × 3퍼센트 × 3년

= 9만 원

조지는 갖고 있던 100만 원으로 1년에 3만 원씩, 3년 동안 9만 원을 벌 수 있을 겁니다. 3년 동안 9만 원밖에 못 벌다니 그렇게 대단해 보이지 않을지도 몰라요. 하지만 만약 조지가 그 100만 원을 그냥 침대 밑 상자 속에 넣어서 보관한다면 3년 동안 얼마를 벌 수 있을까요? 한 푼도 벌 수 없어요! 3년 동안 이자로 받은 9만 원은 0원과 비교하면 엄청난 액수라고요!

이제 조지가 은행에 예금한 돈이 늘어날 때 이자를 얼마나 받을 수 있을지 생각해 봅시다. 원래 예금한 돈에 0을 두 개 더 붙여서, 예금 총액이 1억 원이라고 해 봅시다.

이자 = 1억 원 × 3퍼센트 × 3년

= 900만 원

3년 동안 벌어들이는 이자는 900만 원이 될 거예요. (아까 벌어들인 이자에 0을 두 개 더 붙였을 뿐이에요.) 이건 일 년에 300만 원을 버는 것과 같은 거죠! 정말 놀랍지 않나요?

돈이 다른 사람을 위해서도 일하게 하자!

대부분의 사업들과 마찬가지로, 은행도 이윤을 얻기 위해 활동해요. 은행은 **예금주**에게 돈을 받아서 돈이 필요한 다른 고객에게 그 돈을 빌려줍니다. 이때 은행은 예금주에게 이자로 주는 금액보다 높은 금리로 돈을 빌려주고, 그 차액만큼 돈을 벌어요.

▫ **예금주** depositor
은행에 돈을 맡기는 개인 또는 조직

▫ **차용자** borrower
일정 기간 다른 사람의 돈을 사용하는 개인 또는 조직

▫ **대금업자** lender
이윤을 얻기 위해 돈을 빌려주는 개인 또는 조직

은행이 어떻게 돈을 버는지 궁금한가요? 돈많이모아은행의 고객 클로이가 제과점을 운영하는데, 오븐 하나를 새로 구입하려고 100만 원을 은행에서 빌렸다고 해 봅시다. 이 경우 클로이는 대출을 받은 사람, 그러니까 **차용자**지요. 돈많이모아은행은 **대금업자**고요. 아까 조지가 돈많이모아은행에 100만 원을 예금해 3년 동안 9만 원의 이자를 받게 되었던 이야기를 기억하나요? 돈많이모아은행은 그동안 그 돈을 클로이에게 빌려줬어요. 만약 돈많이모아은행이 클로이에게 7퍼센트 이자율을 요구하고, 클로이가 그렇게 은행에서 대출받은 돈을 3년 동안 사용한다면 이자로 얼마를 지급해야 할까요? 앞에서 배운 공식을 활용해 계산해 보면 클로이가 내야 할 이자를 확인할 수 있을 거예요.

이자 = 100만 원 × 7퍼센트 × 3년

= 21만 원

3년 뒤 클로이는 돈많이모아은행에 21만 원을 이자로 지불해야 합니다. 이 돈은 은행의 수익이 되고요. 그렇다면 은행은 이 거래로 얼마를 벌어들일까요? 이윤이 만들어지는 기본적인 공식을 활용해 봅시다.

이윤 = 수익 − 비용

= 클로이에게 받은 이자 21만 원 − 조지에게 주는 이자 9만 원

= 12만 원

이건 은행이 고객의 돈을 이용해서 돈을 버는 방법을 아주 단순하게 보여 주는 예시입니다. 은행에는 돈을 맡기는 고객도, 돈을 빌리는 고객도 많습니다. 예를 들어 미국의 큰 은행 뱅크오브아메리카는 1.1조 달러 이상의 예금을 보유하고 있으며, 이것으로 48억 달러의 엄청난 이윤을 얻었다고 해요.

은행이 예금주와 차용자에게 제안하는 금리는 고정되어 있지 않습니다. 금리는 여러 가지 요인으로 시간이 지나면서 바뀔 수 있어요. 예를 들어 2000년에는 몇몇 은행이 돈을 맡기는 사람들에게 5퍼센트 이상의 꽤 높은 금리를 지불했어요. 금리가 이렇게 높으면 모두에게 좋은 건 아니에요. 돈을 빌리는 사람들이 더 높은 이자를 내야 한다는 뜻이니까요. 예금주에게 높은 이자를 주려면 대출을 받은 차용자에게 더 높은 이자를 받아야만 은행이 돈을 벌 수 있기 때문이죠.

이와는 반대로, 2014년에는 은행이 예금주에게 지불한 이자율이 1퍼센트 이하로 떨어진 적이 있어요. 이렇게 되자 은행 예금에 의존해 생활하던 사람들이 저금리 때문에 손해를 봤어요. 하지만 돈을 빌려야 하는 사람들에게는 반가운 소식이었지요. 집이나 자동차처럼 비싼 물건을 사기 위해 은행에서 돈을 빌린 사람은 낼 이자가 15년 전보다 훨씬 줄어들었다는 뜻이니까요.

유명한 쿠키 회사 창업자의 지혜예요.

적은 금액이라도 시간이 갈수록 불어나도록 현명하게 관리하는 법을 익히는 게 중요해요. 주머니에 든 잔돈부터 시작할 수 있어요. 그 돈이 완전 예상 밖으로 불어나게 될 거예요!

- 데비 필즈

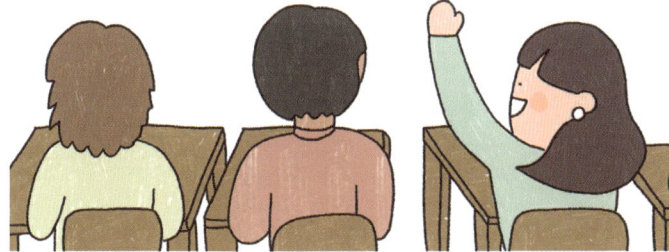

CHALLENGE
척척 박사 도전!

다음 십자말풀이를 해보세요.

* 정답은 149쪽에!

 가로 단어

① 은행에 돈을 맡기는 개인 또는 조직
② 일정 기간 다른 사람의 돈을 사용하는 개인 또는 조직
③ 돈을 빌려 사용하는 대가로 지불하는 비용
④ 빌려준 돈이나 예금에 붙는 이자 또는 그 비율

 세로 단어

❶ 투자한 원래 금액
❷ 이윤을 얻기 위해 돈을 빌려주는 개인 또는 조직
❸ 투자 또는 대출을 위한 일정한 시간
❹ 은행에 돈을 맡기는 것

5장

신용이란 뭘까?

신용 — 신용 카드 — 대출 — 주택 담보 대출

이 장에서 이해하게 될
키워드

- 탕감
- 신용 평가 보고서
- 파산
- 과소비
- 세금
- 명세서
- 현금
- 부채

신용이 뭐지?

부모님이 돈을 내지 않고 장 보는 것을 본 적이 있나요? 부모님은 계산원 앞에서 플라스틱 카드를 기계에 쓱 긁고 서명한 뒤에 마트에서 산 식료품을 들고나와요. 공짜로 장을 본 것일까요? 전혀 아니에요! 신용이라 부르는 것으로 식료품을 산 거랍니다.

□ 신용 credit
차용자가 쓴 돈을 나중에 대금업자에게 갚을 것이라는 약속, 그런 약속을 할 수 있는 능력

신용은 빌리는 사람(방금 경우엔 부모님)과 빌려주는 사람(대금업자, 주로 은행) 사이에 이루어지는 일종의 약속이라고 할 수 있어요. 돈을 빌리는 사람에게 물건을 먼저 사고 그 값을 나중에 지불하겠다고 약속하는 거지요. 신용은 빌리는 사람에게 돈, 재화, 서비스를 제공합니다. 즉각 그 혜택을 누릴 수 있게 해 주고 비용은 나중에 치릅니다. 신용이라는 약속을 통해 얻은 돈, 재화, 서비스는 모두 나중에 갚아야 해요. 신용을 사용할 때, 갚아야 할 총액은 보통 처음 사용한 금액보다 많아요. 돈을 빌리는 대신 이자를 내야 하기 때문이지요.

대금업자가 고객에게 신용 서비스를 제공하는 방법은 여러 가지가 있습니다. 신용은 **신용 카드**, 자동차 **대출**, 학자금 대출, **주택 담보 대출** 등의 형태를 띨 수 있어요. 주택을 담보로 한 대출은 영어로 '모기지'라고도 부릅니다. 여러분은 알아차리지 못했을지도 모르지만 가스, 전기, 방송, 수돗물 등을 공

☐ **신용 카드** credit card
작은 플라스틱 카드로, 차용자가 재화와 서비스를 신용으로 구매하는 수단

☐ **대출** loan
나중에 갚겠다고 약속하고 빌리는 돈

☐ **주택 담보 대출** mortgage
집을 구매할 때 이용하는 대출의 한 종류

급하는 공기업들도 신용 서비스를 제공해요. 집에서 전등을 켜고, 화장실 변기 물을 내리고, 텔레비전 드라마를 보고, 인터넷 서핑을 하고, 휴대 전화를 사용할 때마다 우리는 신용을 사용하는 거예요. 공기업들은 여러분 부모님의 신용을 활용해 가정에서 서비스를 곧바로 사용할 수 있도록 합니다. 부모님은 사용한 요금을 나중에 내게 될 거예요.

신용의 장점

신용이 있으면 장점이 많아요. 무엇보다 지갑에 **현금**이 충분하지 않을 때도 신용을 이용해 필요한 물건을 살 수 있어요. 일단 물건을 사고 나서, 돈이 생기면 **부채**(빚진 돈)를 갚는 거죠. 또한 신용이 있으면 사람들은 예상되는 수입을 바탕으로 돈을 빌릴 수도 있어요. 주택이나 자동차를 사거나 대학 교육을 받을 때처럼 목돈이 필요할 때 무척 유용하답니다. 신용으로 집을 살 수도 있고, 차를 사서 직장으로 출퇴근할 수 있어요. 신용 덕분에 큰 꿈을 안고 대학교에 진학할 수도 있지요.

▫ **현금** cash
지폐나 동전의 형태를 갖춘 돈

▫ **부채** debt
개인이나 사업체가 진 빚

또한 신용을 활용하면 훨씬 더 편리하고 안전하게 물건을 살 수 있어요. 신용 카드만 있으면 많은 돈을 들고 다니지 않아도 돼요. 특히 여행할 때 아주 편리하지요. 신용은 온라인이나 스마트폰으로 물건이나 서비스를 살 수 있게 해 줍니다. 신용 카드 회사는 고객에게 매달 카드 사용 **명세서**를 보내주는데, 그 명세서를 살펴보며 무엇을

▫ **명세서** statement
지난달 신용을 얼마나 사용했는지 보여 주는 문서

구매했는지, 어디에 돈을 썼는지, 빚이 얼마인지 확인할 수 있어요.

기업과 정부는 신용을 활용해 성장하고 사업을 확장해 나갑니다. 기업은 현금이 부족할 때도 신용으로 사업에 필요한 물건과 재료를 살 수 있어요. 신용으로 공장, 장비, 기계를 구입하기도 하고요. 그렇게 구한 자원과 설비로 이윤을 내서 나중에 대출금을 갚습니다.

정부는 도로, 다리, 건물을 새로 짓는 등의 대규모 프로젝트에 신용을 이용해 그 비용을 부담하기도 합니다. 각종 세금을 걷어 모은 돈으로 부채를 갚기도 하고요. 세금은 정부가 국가 프로젝트와 공공 서비스(이를테면 병원, 학교, 도서관, 공원, 우체국, 경찰, 군대 등)를 운영하는 데 필요한 돈을 낼 수 있도록 우리가 정부에 내는 돈을 말합니다.

> □ 세금 tax
> 국가를 유지하고 정부가 공공 서비스를 제공할 수 있도록 시민이 정부에 내는 돈

신용의 단점

신용이 편리하고 큰 혜택을 주는 건 사실이지만, 해로운 영향을 미칠 수도 있어요. 여러분이 신용으로 사는 물건의 값은 모두 언젠가 이자와 함께 갚아야 한다는 것을 명심해야 합니다. 갚을 시간은 정해

져 있어요. 언제든 갚고 싶을 때 갚는 게 아니라 정해진 기간 안에 갚아야만 한다는 뜻입니다. 신용을 올바로 사용하지 않으면 부채가 너무 커져서 감당하지 못할 지경에 이를 수도 있어요.

돈을 빌려 쓰려면 이자를 내야 해요. 그래서 빌린 돈의 액수는 그 빚을 갚을 수 있는 능력보다 빨리 커질 수도 있어요. **과소비**를 하다 보면 갚을 능력보다 많은 돈을 빌리는 상황까지 내몰리곤 해요. 빌린 돈을 제때 갚지 못하면 집이나 자동차 같은 소중한 재산을 결국 빼앗기게 될 수도 있답니다.

□ **과소비** overspending
지불할 수 있는 능력보다 돈을 많이 쓰는 것

신용 카드로 물건을 사는 것도 일종의 빚이기 때문에, 만약 신용 카드를 사용하고 제때 돈을 갚지 못하면 심각한 재정 위기에 빠질 수 있어요. 대출을 갚지 못하면 평판도 망가지지요. 소비를 너무 많이 해서 신용이 엉망이 된 나머지, 가족들과 관계가 껄끄러워진 사람도 많아요. 대출을 갚지 못하면 감옥에 가기도 한답니다. 부채를 관리하지 못한 사람은 어쩔 수 없이 **파산**을 선언해야 해요.

□ **파산** bankruptcy
개인이나 회사가 부채를 갚을 수 없다고 선언하는 것

파산은 사람이나 회사가 더는 부채를 갚지 못하는 상태를 말합니다. 개인이나 회사가 파산했을 경우, 갚지 못한 빚을 **탕감**해 주어 새로 시작할 기회를 주기도 해요. 한국의 경우, 파산을 하려면 법원에서 판사의 판결을 받아야 해요. 파산 선언을 승인받기 위해서는 법정에 가야 한다는 뜻입니다.

▪ **탕감** forgiving
부채의 전부 또는 일부를 없애 주는 일

파산이 부채 대부분을 없애 주기는 하지만, 파산 선고는 아주 오랜 시간에 걸쳐 나쁜 영향을 미쳐요. 파산한 적이 있다는 사실은 개인의 **신용 평가 보고서**에 기록되기 때문에, 그 뒤로는 새로 대출을 받지 못할 수도 있어요. 다시 대출을 받으려면 다른 사람보다 많은 이자를 내야 할지도 몰라요. 또한 파산을 선고받으려면 복잡하고 비용이 많이 드는 과정을 겪어야 해요. 따라서 학교, 직장, 가정에서 보내야 할 시간을 많이 빼앗기게 될 거예요. 파산은 새로운 일자리를 얻는 데 걸림돌이 될 수도 있어요. 고용주가 직원을 채용할 때 신용 정보 조회서나 신용 평가 보고서를 확인할 수도 있거든요. 신용 평가 보고서에 파산 기록이 있으면, 고용주가 '이 지원자는 개인 금융 관리를 잘 못하는구나' 생각해 좀 꺼릴지도 몰라요.

▪ **신용 평가 보고서**
credit report
개인의 신용 이력을 요약해 놓아 개인의 신용도를 평가하는 데 사용하는 문서

CHALLENGE

척척 박사 도전!

다음 십자말풀이를 해보세요.

*정답은 150쪽에!

 가로 단어

① 지불할 수 있는 능력보다 돈을 많이 쓰는 것
② 차용자가 쓴 돈을 나중에 대금업자에게 갚을 것이라는 약속, 그런 약속을 할 수 있는 능력
③ 부채의 전부나 일부를 없애 주는 일
④ 지난달 신용을 얼마나 사용했는지 보여 주는 문서
⑤ 나중에 갚겠다고 약속하고 빌리는 돈
⑥ 지폐나 동전의 형태를 갖춘 돈

 세로 단어

❶ 작은 플라스틱 카드로, 차용자가 재화와 서비스를 신용으로 구매하는 수단
❷ 개인이나 사업체가 진 빚
❸ 집을 구매할 때 이용하는 대출의 한 종류
❹ 개인이나 회사가 부채를 갚을 수 없다고 선언하는 것
❺ 국가를 유지하고 정부가 공공 서비스를 제공할 수 있도록 시민들이 정부에 내는 돈

6장

신용을 관리하는 법

이 장에서 이해하게 될
키워드

- 보증인
- 상환 능력
- 신용 점수
- 신용 기록
- 현금 서비스
- 은행원
- 학자금 대출
- 상환
- 신분

신용의 여러 유형

지금부터는 여러분이 가까운 미래에 마주하게 될 신용의 여러 유형을 한번 살펴보죠.

신용 카드

신용 카드는 작은 플라스틱 카드로, 은행이나 신용 카드 회사에서 고객에게 발행해 줍니다. 신용 카드가 있으면 카드 소유자(은행이 신용 카드를 사용하도록 허락해 준 사람. 카드 소유자의 이름은 카드에 적혀 있어요)는 재화와 서비스를 신용으로 구매할 수 있어요. 은행은 비자, 마스터카드, 아메리칸 익스프레스 등의 카드 회사와 함께 고객이 신용 카드로 쓴 비용을 처리합니다. 그러면 카드 소유자는 세계 거의 모든 곳에서 그 카드를 사용할 수 있어요.

매달 정해진 날짜에 카드 사용 대금을 갚지 못하면, 카드 회사는 신용 카드를 사용한 데 대한 이자를 요구합니다. 카드 소유자는 카드를 얼마나 썼는지, 언제까지 돈을 입금해야 하는지 알려 주는 명세서를 우편 또는 온라인으로 받게 될 거예요. 만약 정해진 날짜 안에 돈

을 다 갚지 못하면 신용 카드 회사나 은행은 상당히 높은 이자를 달라고 하지요. 한국의 연체 이자율은 연 20퍼센트가 넘고, 25퍼센트를 넘길 때도 많아요. 그건 신용 카드로 쓴 금액의 4분의 1 정도를 이자로 더 내야 할 수 있다는 뜻이에요! 신용 카드로 10만 원짜리 물건을 샀는데 제때 돈을 갚지 못하면 12만 5,000원을 낼 수도 있다는 뜻이지요. 카드 대금을 늦게 갚을수록 이자는 점점 불어나요. 여기에 더해 은행이 개별적인 연체료를 부과할 수도 있고요. 이렇게 되면 배보다 배꼽이 더 커지겠죠?

신용 카드가 있는 사람은 카드를 이용해 현금을 빌릴 수 있는데, 이것을 **현금 서비스**라고 부릅니다. 현금 서비스는 신용 카드 회사에 돈을 빌려 달라고 요구하는 일과 비슷해요. 현금 자동 입출금기(흔히 ATM이라고 부르죠)에서, 또는 **은행원**에게 요청해서 신용 카드로 빌린 현금을 받을 수 있어요. 카드 소유자는 미리 정해 놓은 한도까지 현금을 받아 쓸 수 있어요. 하지만 신용 카드로 현금 서비스를 이용하는 것은 그다지 좋은 생각은 아닙니다. 수수료와 이자가 무척 높거든요. 그래서 현금 서비스는 정말 급할 때만 사용하고, 돈이 생기면 곧장 갚아야 해요.

□ **현금 서비스**
cash advance
신용 카드 회사에서 현금을 빌리는 것

□ **은행원** bank teller
고객의 은행 업무를 도와주는 직원

어느 억만장자 투자자가 청소년 시절에 뭘 알았으면 좋았겠느냐는 질문에 이렇게 답했습니다.

신용 카드가 최악의 투자라는 사실을 일찍부터 알았다면 정말 좋았을 거예요. 또 주식 시장에 투자해서 돈을 버는 것보다, 은행에 빚을 지지 않아 이자를 아끼는 게 훨씬 낫다는 걸 알았으면 정말 좋았겠죠!

- 마크 큐번

학자금 대출

대학 입학은 여러분이 살면서 고려하거나 목표로 하게 되는 중요한 선택지 중 하나예요. 대학 교육을 받은 사람은 대학 졸업장이 없는 사람에 비해 더 많은 돈을 벌기에 대체로 유리합니다. 하지만 대학 교육은 비용이 많이 들어요.

많은 학생이 대학 교육비를 내기 위해서 <u>학자금 대출</u>을 받습니다. 학자금 대출로 수업료, 도서 구입비, 컴퓨터, 생활비를 마련할 수 있어요. 학자금 대출의 좋은 점은 공부를 마칠 때까지는 <u>상환</u>하지 않아도 된다는 것입니다. 그래서 학생들은 학교에 다니는 동안에는 대출금을 갚을 걱정 없이 공부에 전념할 수 있지요. 다만 나쁜 소식은, 그렇다 해도 학자금 대출이 사라지지는 않는다는 것입니다. 대학에서 듣게 된 강의가 마음에 들지 않더라도, 또는 학위를 받고도 관련 직업을 얻지 못하더라도, 또는 졸업 후 재정적으로 힘든 시기를 겪게 되더라도, 또는 여러분이 파산을 선언하더라도 말이에요. 그러므로 학자금 대출을 받으려는 학생은 누구나 자신이 받을 대출금 총액과 나중에 대출금을 갚을 방법을 진지하게 고민해야 합니다. 대학을 졸업하고 나서 빚의 늪에 빠져 허우적거리는 건 너무도 괴로운 일이니까요.

□ **학자금 대출**
　student loan
교육비를 내기 위해 빌린 돈

□ **상환** repayment
빌린 돈을 갚는 것

신용 쌓기

　원하는 사람 모두가 신용카드를 발급받거나 대출을 받을 수 있는 건 아닙니다. 은행은 자격을 갖춘 사람, 그러니까 대출을 갚을 수 있고 갚을 의지가 있는 사람에게만 신용 카드를 만들어 주거든요. 하지만 신용 카드를 발급해 달라고, 또는 대출을 받게 해 달라고 신청한 사람이 성실하게 약속대로 돈을 갚을지 은행은 어떻게 알 수 있을까요?

은행이 신용을 제공할 만한 사람인지 확인하는 몇 가지 방법이 있어요. 신용 카드를 발급받거나 대출을 받으려면 양식에 맞춰서 신청서를 작성해야 해요. 신청서에는 신청자의 재정 상태에 대해 묻는 여러 질문이 들어 있어요. 차용자의 신용도를 확인할 때 은행은 여러 가지를 들여다보고 따지는데, 대부분은 신분과 능력을 가장 중요하게 생각해요. 이에 대해 살펴봅시다.

신분

신분은 차용자의 금융 생활 전반에 관한 개인 정보를 말합니다. 이걸 보면 차용자가 돈에 관해 어떤 사람인지, 대출을 얼마나 잘 갚을지 알 수 있지요. 은행은 차용자의 신용 기록, 신용 점수, 교육 배경, 직업 경력 등을 살펴 차용자의 신분을 확인해요.

어떤 사람이 신용을 원할 때, 은행은 지원자의 신용 평가 보고서를 살펴볼 거예요. 신

□ 신분 character
돈이 얼마나 있는지, 부채를 잘 갚을 수 있을지 등 개인에 관한 정보

□ 신용 기록 credit history
차용자가 얼마나 책임감 있게 부채를 제때 갚았는지에 대한 기록

□ 신용 점수 credit score
신용 평가 보고서에 기초해 받게 되는 점수

용 평가 보고서를 보면 그동안 대출을 제때 갚았는지, 대출을 어느 정도 받았는지, 아직 갚지 못한 대출은 어느 정도인지 등 개인의 신용 기록을 확인할 수 있어요.

　신용 평가 보고서는 개인의 신용 점수도 알려 줘요. 신용 점수는 차용자가 과거에 대출을 어떻게 받아서 어떻게 갚았는지, 지금 갚아야 할 대출이 얼마나 남았는지를 점수로 나타낸 것이랍니다. 한두 번 이상 대출 상환이 늦은 사람은 점수도 낮아집니다. 갚아야 할 대출이 너무 많거나, 신용 카드를 사용하고 돈을 제때 갚지 않은 일이 잦으면 신용 점수가 깎일 수 있어요. 신용 점수는 은행이 대출을 해 주거나 신용 카드를 발급할 때뿐만 아니라 차용자에게 적용할 이자율을 결정하는 데에도 큰 영향을 미칩니다. 신용 점수가 높은 사람은 대출 신청을 승인받기 쉽고, 금리도 낮춰 주는 혜택을 받을 거예요. 반대로 신용 점수가 아주 낮은 사람은 대출 신청을 거부당할 수도 있어요. 만약 여러분이 신용 점수가 낮은데도 신용 카드 회사나 은행이 여러분에게 대출을 해 주기로, 또는 신용 카드를 발급해 주기로 했다면 여러분은 아마 상당히 높은 이자를 부담해야 할 거예요.

　자신의 신용 평판을 잘 관리하는 것은 정말 중요합니다. 빚을 제때 갚지 않으면, 그 기록은 꼬리표처럼 여러분을 끊임없이 따라다닐 거예요. 신용 평판이 나빠지면 비용이 많이 들게 돼요. 대금업자들이 높은 이자율을 요구할 테니까요. 이자율이 높으면 높을수록, 대출을 갚을 때 주머니에서 돈이 더 많이 빠져나가게 된답니다.

베니와 앤드루가 똑같은 자동차를 똑같은 조건(5년 상환)으로 1000만 원에 구입했다고 하더라도, 앤드루는 낮은 신용 점수 때문에 매달 더 많은 돈을 내야 해요.

상환 능력

<u>상환 능력</u>은 차용자가 대출을 갚을 수 있는 능력을 말합니다. 대출을 받으려고 신청하면 은행은 대출 신청자의 소득이 얼마인지, 직업이 안정적인지, 현재 빚이 얼마나 있는지, 빚을 얼마나 갚았는지 등을 확인할 거예요. 일자리가 안정적이고(즉 지속해서 일해 왔거나 앞으로도 그럴 것으로 예상되고) 소득이 높으면 대출 상환 시기에 맞춰 규칙적으로 돈을 갚을 수 있다고 판단할 거예요. 만약 차용자의 신용 점수가 낮거나 직업이 탄탄하지 않다면 은행은 신용이 높고 소득이 일정한 사람이 보증을 서야 한다고 요구하곤 해요. <u>보증인</u>은 대출 서류에 차용자와 함께 서명하는 사람을 말해요. 만약 차용자가 대출을 갚지 못하면, 보증인이 그 대출을 대신 책임진다는 뜻입니다.

□ **상환 능력** capacity
대출을 갚을 수 있는 능력

□ **보증인** co-signer
신용 상태가 높은, 대출 서류에 차용자와 함께 서명한 사람. 만약 차용자가 대출을 갚지 못하면 대신 갚을 책임을 지는 사람

학생이 학자금 대출을 받을 때도 대출 기관이 보증인을 요구하는 경우가 많습니다. 학생은 신용 기록이 없거나 안정적인 수입이 없으니 보호자에게 보증을 서라고 요구하는 거죠. 만약 학생이 대학을 졸업하고 나서 정기적으로 대출금을 상환하지 못하면, 대금업자는 보

증을 선 보호자에게서 돈을 받아내려고 할 거예요. 그러니 보증인의 도움으로 대출을 받았다면, 책임감을 갖고 빚을 갚아야 한다는 걸 명심합시다. 제때 빚을 갚지 못하면 여러분의 평판에 해를 입을 뿐만 아니라, 여러분을 위해 친절하게 보증을 서 준 사람의 명성 또한 해치게 될 테니까요.

* 정답은 151쪽에!

CHALLENGE TIME

해당되는 단어 설명에 줄을 그어 주세요. ✓

신용 점수 ●   ● 신용 평가 보고서에 기초해 받게 되는 점수

신분 ●   ● 차용자가 얼마나 책임감 있게 부채를 제때 갚았는지에 대한 기록

신용 기록 ●   ● 돈이 얼마나 있는지, 부채를 잘 갚을 수 있을지 등 개인에 관한 정보

현금 서비스 ●   ● 교육비를 내기 위해 빌린 돈

은행원 ●   ● 신용 카드 회사에서 현금을 빌리는 것

학자금 대출 ●   ● 대출을 갚을 수 있는 능력

상환 능력 ●   ● 고객의 은행 업무를 도와주는 직원

7장

저축을 하자!

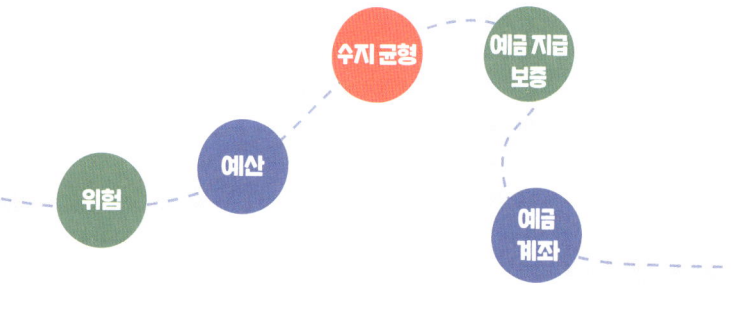

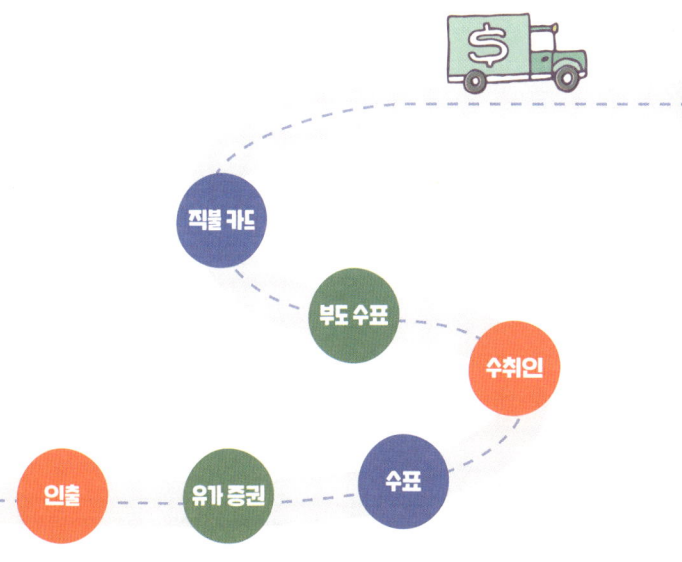

뭐 하러 굳이 저축을 하지?

　이 수업을 시작할 때 저축의 중요성에 대해 했던 말을 기억하죠? 쉽게 신용 카드를 발급받을 수 있고, 원하는 물건을 온라인으로 편리하게 구매할 수 있기 때문에 쇼핑은 예전보다 훨씬 쉽고 유혹적이에요. 이런 시대에 우리가 저축해야 할 이유는 수없이 많습니다. 저축이 왜 중요한지, 두 가지 이유를 중심으로 알려 줄게요.

비싸지만 꼭 갖고 싶은 물건을 사기 위해

　아마 지금도 여러분 마음속에는 값비싸지만 갖고 싶은 물건이 있을 거예요. 최신 스마트폰이나 신상 태블릿, 자전거, 애플 워치를 생일이나 크리스마스에 선물로 받고 싶을지 몰라요. 운이 좋은 어린이라면 원하던 물건을 손에 넣을 수도 있겠지만, 대개 여러분 용돈으로 쉽게 사기는 어려울 거예요.

　여러분이 좀 더 자라면, 정말로 값비싼 물건들을 사고 싶어질 거예요. 직장에 출퇴근하는 데 자동차가 필요할지도 모르고 가정을 꾸리기 위해 집을 장만해야 할 수도 있겠지요. 언젠가, 경력을 한 단계

끌어올리기 위해 대학원에 진학하거나 기술 훈련을 받기로 결정할지도 몰라요. 하던 일을 그만두고 다른 직업을 구하기 위해 대학에 다시 입학할수도 있고요. 기억에 남을 정말 멋진 결혼식을 올리기로 결심하거나, 사랑하는 사람과 함께 저 멀리 낯선 땅으로 여행을 떠나고 싶을지도 몰라요. 돈을 충분히 모아 두었다면, 이 모든 일을 얼마든지 할 수 있지요.

자동차나 주택처럼 값비싼 물건을 살 때 사람들은 대부분 대출을 신청합니다. 계약금으로 먼저 낼 돈을 모아 두면, 적절한 금리로 대출을 받을 수 있어요. 은행은 차용자가 계약금을 많이 내기를 바랍니다. 그러면 차용자가 대출을 갚지 못할 **위험**이 낮아지거든요. 게다가 계약금을 많이 내면 대출받아야 할 돈도 그만큼 적어지지요. 매달 내야 하는 할부금도 낮아지고요.

□ **위험** risk
돈을 잃을 가능성

예를 들어 조지가 1000만 원짜리 자동차를 6퍼센트 금리에 5년 상환 조건으로 샀다고 해 보죠. 선불로 내는 계약금의 액수에 따라 한 달에 내야 하는 금액의 차이는 얼마나 날까요? 다음 그림으로 확인해 봅시다.

비상 상황에 대비하기 위해

우리의 삶은 놀라움으로 가득합니다. 살다 보면 깜짝 놀랄 만큼 기쁜 일이 많이 일어날 거예요. 그런가 하면 전혀 예상치 못한 불행이 닥칠 수도 있어요. 잘 움직이던 자동차가 꼼짝도 하지 않아서 대대적인 수리를 해야 할 때가 생길지도 몰라요. 반려동물이 갑자기 아파서 동물 병원에 서둘러 가야 할 수도 있고요. 배관이 터져서 집이 온통 물바다가 될 수도 있어요. 사랑하는 가족의 장례식에 참석하려고 비행기를 타고 멀리 날아가야 할 경우가 생기기도 하고요. 다니던 직장을 하루아침에 잃을 수도 있지요.

비상 상황과 예상치 못한 지출은 우리 지갑에 엄청난 부담을 줍니다. 하지만 이런 때를 대비해 돈을 착실히 모아 둔다면, 여러분은 예상치 못한 곤란한 상황들을 좀 더 쉽게 헤쳐 나갈 수 있을 거예요.

돈 모으기를 도와주는 멋진 도구, 예산

마트나 온라인에는 사고 싶은 물건이 넘쳐나죠. 선택할 수 있는 게 너무나도 많기에 돈을 어떻게 써야 할지, 그리고 미래를 위해 얼마를 저축할지 결정하기가 무척 힘들어요. 그러니 **예산**을 짜면 돈을 관리하는 데 큰 도움이 될 거예요.

□ 예산 *budget*
돈을 얼마나 모으고 어떻게 사용할지 세우는 계획

예산이란 일정 기간에 돈을 얼마나 쓰고 모을지에 대한 계획입니다. 예산을 짜는 건 무척 중요해요. 여러분이 소비할 수 있는 돈이 얼마인지, 어디에 돈을 써야 할지, 저축을 위해 얼마를 남겨 둬야 할지 알 수 있으니까요. 예산에 맞게 소비하면 빚을 지지 않을 수 있어요. 수입과 지출의 균형, 즉 수지 균형을 맞추게 해 주거든요. 다시 말해 예산을 제대로 짜면 과소비를 피할 수 있답니다.

□ **수지 균형**
live within your means
가진 돈 또는 쓸 수 있는 돈 이상 소비하지 않는 상태

　　예산을 짤 때, 우선 한쪽에는 모든 수입원을 적어서 수입 총액이 얼마인지 계산해 봐야 해요. 일주일간 부모님한테 받은 용돈, 심부름을 하고 받은 돈, 선물로 받은 돈을 여기 모두 적으세요. 반대편에는 여러분이 일주일 동안 소비해서 지출할 목록을 모두 적어서 더하는 거죠. 돈을 기부하기로 했다면 기부할 만큼의 액수도 여기에 넣으면 돼요. 이제, 전체 수입에서 전체 지출을 빼 보세요. 전체 수입에서 전체 지출을 뺀 액수가 플러스이면, 여러분이 돈을 모으고 있다는 뜻입니다. 반대로 마지막 숫자가 마이너스라면 과소비라는 뜻이고요.

　　베니의 일주일 예산은 어떤지 들여다볼까요?

요번 주는 이렇게 쓰기로 했어!

베니의 일주일 예산

수입

- ➕ 일주일 용돈   25,000원
- ➕ 할머니가 주신 돈   5,000원

전체 수입   30,000원

지출

- ➖ 간식   15,000원
- ➖ 음료수   3,000원
- ➖ 책   5,000원
- ➖ 연필   1,000원
- ➖ 불우 이웃 돕기   1,000원

전체 지출   25,000원

∴ 남은 돈   5,000원

    위의 예산을 보면, 베니가 과소비하지 않으리라는 걸 알 수 있어요. 베니는 돈을 어디에 쓸지 잘 알고 있어요. 그리고 5,000원을 남겼네요! 예산을 훌륭히 짜고 돈 관리를 정말 멋지게 하고 있네요.

은행은 저축을 도와줘요

은행은 여러분의 돈을 안전하게 보관해 주는 최고의 장소라고 할 수 있어요. 은행에는 불에 타지 않는 강철 금고가 있어서 특정한 사람들만 철통같은 보안 아래 문을 열 수 있어요. 그리고 은행에 예치된 돈은 예금보험공사라는 정부 기관이 **예금 지급 보증**을 해 줘요. 은행에 돈이 다 떨어지거나, 강도가 들거나, 돈이 불에 타더라도 예금자 보호법에 따라 예금보험공사에서 여러분이 예금한 돈을 5000만 원까지는 돌려준다는 뜻이에요.

□ **예금 지급 보증** insured
은행에 맡긴 돈을 잃지 않도록 보장해 주는 것

은행은 고객이 맡긴 돈을 안전하게 보관하고, 고객이 돈을 편리하게 관리할 수 있도록 다양한 방법을 제공합니다. 개인이나 기업은 은행에 돈을 저축하고 보관하기 위해 **예금 계좌**를 만듭니다. 저축 예금 계좌에 넣어 둔 돈에는 약간의 이자가 붙습니다. 은행이 문을 연 시간에는 언제든 **인출**할 수 있어요.

□ **예금 계좌** deposit account
은행에 돈을 맡기고 찾을 수 있도록 개인이나 회사가 만든 계좌

□ **인출** withdraw
은행에서 돈을 찾는 것

저축 예금 계좌는 거의 누구나 열 수 있어요. 어떤 부모님은 자녀가 아주 어렸을 때부터 저축 습관을 들이도록 저축 예금 계좌를 만들어 주기도 해요. 저축 예금 계좌가 있으면 돈을 똑똑하게 관리할 수 있어요. 은행에 저금한 돈은 저금통에 넣어 둔 돈에 비해 꺼내기가 쉽지 않거든요. 돈은 저축 예금 계좌에 들어 있는 동안 불어난다는 사실을 꼭 명심하세요. 은행이 여러분이 맡긴 돈을 다른 사람에게, 또는 기업에 빌려주는 대가로 이자를 주기 때문이에요.

여러분은 어른들이 **수표**를 사용하는 모습을 본 적 있나요? 수표는 은행이 예금 계좌에 있는 돈을 편하게 쓸 수 있도록 발행하는 **유가 증권**이에요. 수표에 서명을 한다는 건, 수표에 적은 금액을 은행에서 **수취인**에게 지불해 주라는 뜻입니다. 수취인은 수표를 받은 개인이나 회사를 가리킵니다. 수표에 서명하려면 예금 계좌에 돈이 충분히 있어야 해요. 예금 계좌에 있는 돈보다 큰 금액을 수표에 써서 발행할 수는 없어요. 그랬다가는 수표가 부도가 나서 되돌아올 거니까요. **부도 수표**가

□ **수표** check
정해진 금액을 다른 사람에게 또는 기업에 지불하게 하는 종이

□ **유가 증권** securities
수표, 채권, 상품권처럼 표시된 만큼의 금액을 현금처럼 쓸 수 있는 문서

□ **수취인** payee
수표를 받은 사람이나 회사

□ **부도 수표**
 bounced check
계좌에 충분한 돈이 들어 있지 않아 거부당하는 수표

되돌아오면, 은행은 수수료를 요구합니다. 부도 난 수표가 예치된 은행에서도 수취인에게 수수료를 요구할 테고요.

사람들이 수표를 사용하는 이유는 수표를 사용하는 것이 주머니에 현금을 잔뜩 넣고 다니는 것보다 훨씬 편리하고 안전하기 때문이

에요. 현금은 쉽게 잃어버릴 수 있는 반면, 수표는 예금 계좌가 있는 사람이 서명했을 때만 유효하거든요. 돈을 우편으로 보낼 때도 수표가 훨씬 안전해요. 수취인만이 그 수표를 은행에 입금하거나 현금으로 교환할 수 있으니까요. 또한 수표는 돈을 어디에 썼는지 기록이 남아요. 그래서 수표로 지불하면 쉽게 그 내역을 추적할 수 있어요.

요즘은 신용 카드나 다양한 온라인 결제 수단이 널리 쓰이고 있어요. 그래서 수표는 일상생활에서 예전만큼 쉽게 볼 수 없죠. 그래도 미국 같은 나라에서는 여전히 많이 사용하니, 수표에 대해서도 알아 두면 도움이 될 거예요.

직불 카드와 현금 자동 입출금기

직불 카드(현금 카드라고도 불러요)와 현금 자동 입출금기 카드가 있으면 은행에 가지 않고도 돈을 쉽게 찾을 수 있어요. 직불 카드는 신용 카드와 비슷해 보이지만, 다른 점도 많아요. 가게에서 물건을 살 때는 직불 카드를 신용 카드처럼 사용할 수 있어요. 하지만 직불 카드는 은행 계좌와 연결되어 있어서 여러분이 직불 카드를 사용하는 즉시 자동으로 돈이 은행 계좌에서 빠져나가

▫ **직불 카드** debit card
은행 계좌에서 곧장 돈을 빼서 물건을 살 수 있게 해 주는 카드

요. 그래서 직불 카드는 은행 계좌에 돈이 있을 때만 사용할 수 있죠. 또 신용 카드와 달리, 직불 카드로는 은행에서 돈을 빌릴 수 없습니다.

여러분이 아주 어릴 때는 현금 자동 입출금기를 보고 마법처럼 돈이 쏟아져 나오는 기계라고 생각했을지도 모르겠어요. 하지만 아쉽게도, 마법처럼 돈을 마구 쏟아내는 기계 같은 건 이 세상에 없어요. 현금 자동 입출금기는 은행 계좌와 연결되어 있어요. 현금 자동 입출금기에서 돈을 인출하는 건 은행에서 창구 직원에게 돈을 출금해 달라고 요청하는 것과 비슷해요. 언제 어디서든 현금 자동 입출금기가 있다면 돈을 넣을 수도, 뺄 수도 있어요. 하지만 현금 자동 입출금기를 이용할 때는 수수료를 내야 하는 경우도 있으니 조심하세요.

저금을 현명하게 관리하려면 돈을 금리가 높은 예금에 적절하게 나누어 넣어 두는 것이 좋아요. 그러면 여러분 돈은 여러분에게 더 많은 이자를 벌어 줄 테니까요. 하지만 비상 상황과 예상치 못한 지출을 대비해 바로 쓸 수 있는 돈을 좀 남겨 두는 것도 현명한 생각이에요.

* 정답은 152쪽에!

CHALLENGE TIME

해당되는 단어 설명에 줄을 그어 주세요. ✓

위험	은행에서 돈을 찾는 것
예산	은행에 맡긴 돈을 잃지 않도록 보장해 주는 것
수지 균형	돈을 얼마나 모으고 어떻게 사용할지 세우는 계획
예금 지급 보증	돈을 잃을 가능성
예금 계좌	가진 돈 또는 쓸 수 있는 돈 이상 소비하지 않는 상태
인출	은행에 돈을 맡기고 찾을 수 있도록 개인이나 회사가 만든 계좌

부도 수표	● ●	계좌에 충분한 돈이 들어 있지 않아 거부당하는 수표
수표	● ●	수표, 채권, 상품권처럼 표시된 만큼의 금액을 현금처럼 쓸 수 있는 문서
직불 카드	● ●	은행 계좌에서 곧장 돈을 빼서 물건을 살 수 있게 해 주는 카드
유가 증권	● ●	정해진 금액을 다른 사람에게 또는 기업에 지불하게 하는 종이

8장

돈과 경제

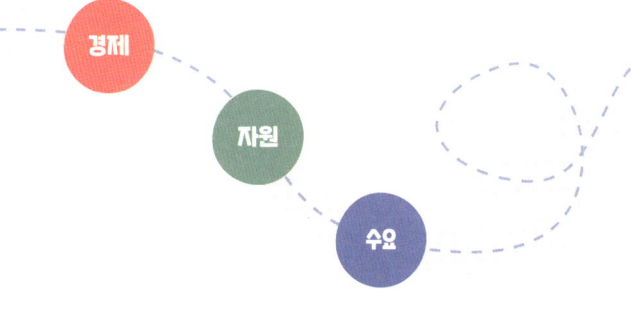

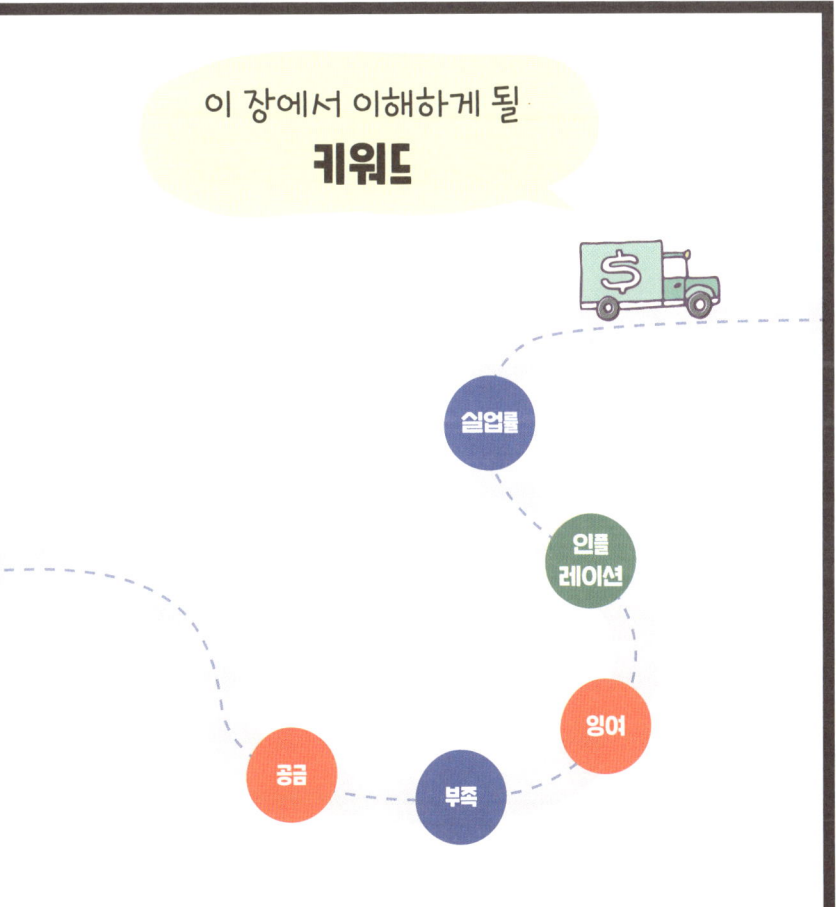

여러분도 뉴스에서 세계 경제에 대해 말하는 걸 들어 봤을 거예요. 식사 시간에 어른들이 경제에 관해 이야기하는 것도 들어 봤을 테고요. 경제가 왜 이렇게 중요할까요? 그게 여러분의 돈과 무슨 관련이 있을까요?

==경제==는 국가가 한정된 ==자원==을 사용해서 재화와 서비스를 만들어 내는 방식을 말합니다. 경제가 건강할 때는 정부가 현명한 결정을 내리고 땅, 물건, 돈, 노동 같은 자원을 잘 활용해 더 많은 물건과 서비스를 만들어내지요. 경제가 건강하게 성장하면 우리 모두 혜택을 누리게 됩니다. 더 많은 일자리가 생겨나고 사업이 번창하니까요. 하지만 경제가 안 좋을 때는 그 반대의 일이 일어나요. 사람들은 일자리를 잃고 사업체는 장사가 잘 되지 않아 문을 닫곤 합니다. 경제가 안 좋으면 많은 사람과 기업이 큰 타격을 입어요.

□ **경제** economy
생활에 필요한 재화와 서비스를 만들고 사용하는 모든 활동

□ **자원** resources
땅, 물건, 돈, 사람의 노동 등 재화와 서비스를 생산하는 데 필요한 모든 것

경제가 우리의 삶에 영향을 미칠 수 있는 몇 가지 요인을 좀 더 자세히 살펴봅시다.

수요와 공급

여러분은 자동차에 넣는 기름, 우리가 먹는 음식 같은 물건의 가격이 계속 바뀌는 게 이상하다고 생각해 본 적 없나요?

사업가는 자신이 공급하는 재화와 용역의 가격을 마음대로 정할 수 있습니다. 하지만 사실 가격을 결정하는 가장 중요한 요인은 바로 **수요**와 **공급**이랍니다.

수요는 재화나 서비스를 구매하려는 욕구를 말합니다. 반면 공급은 우리가 실제로 찾아서 이용할 수 있는 재화나 서비스입니다. 보통 수요가 공급보다 크면 **부족**이 일어나고 물건의 가격이 오릅니다. 사람들이 갖고 싶은 물건을 사기 위해 원래보다 돈을 더 많이 내려 하기 때문입니다. 물건이 부족하면 사고 싶은 마음이 강해지기도 하지요. 한편 우리가 원하는 것보다 물건이 넘쳐날 때(즉 공급이 수요보다 클 때)는 **잉여**가 발생합니다. 그러면 물건 가격이 내려갑니다. 판매자가 가격을 낮춰서라도 물건이 팔리기를 바라기 때문입니다. 수요와 공급이 일치할 때는 가격이 안정됩니다.

수요와 공급이 가격에 어떻게 영향을 미치는지 몇 가지 사례를 보여줄게요.

□ **수요** demand
재화나 서비스를 구매하려는 욕구와 의지

□ **공급** supply
제공 가능한 재화나 서비스

□ **부족** shortage
수요가 공급보다 클 때 나타나는, 물량이 욕구를 만족시키기에 충분하지 않은 상황

□ **잉여** surplus
공급이 수요보다 클 때 나타나는, 모든 욕구를 충족시키고 난 뒤에도 물량이 남는 상황

- 축구나 야구 결승전이 열리면 많은 팬이 경기를 운동장에서 직접 보고 싶어 합니다. 그런데 경기장에 들어갈 수 있는 사람의 수는 한정되어 있어요. 그래서 티켓 공급도 한정되어 있고, 결국 티켓 가격이 올라가게 됩니다.
- 새로운 스마트폰이 나오면 이전 버전 스마트폰에 대한 수요가 줄어듭니다. 사람들이 이왕이면 최신 기기를 사려고 하니까요. 그래서 구형 스마트폰은 가격이 내려가게 됩니다.
- 석유 공장에 불이 나 공장 문을 닫게 되면, 석유 공급이 줄어듭니다. 석유 재고가 충분하지 않으면 석유를 원하는 사람들의 수요를 감당하지 못하기 때문에 석유 가격은 올라가게 되지요.
- 날씨가 좋아 포도 농사가 잘되었어요. 포도 과수원에서는 평소보다 포도를 많이 내놓았죠. 사람들이 구매하는 양보다 포도가 많아지면 포도 가격은 내려갈 수밖에 없어요.

수요와 공급에 대해 제대로 알면, 돈을 지혜롭게 쓸 수 있습니다. 만약 어떤 물건에 대한 수요가 매우 높다면, 여러분은 수요가 줄어들기를 기다렸다가 가격이 내려갔을 때 그 물건을 살 수 있지요. 여러분이 스마트폰을 살 때가 되었다고 생각해 보세요. 수요가 무척 높을 때 가장 높은 가격으로 최신 스마트폰을 구매하는 게 정말 가치가 있을까요? 혹시 스마트폰을 꼭 바꿔야 할 때까지 조금 더 기다릴 수는 없을까요? 극장에서 영화를 보려는데 꼭 사람들이 제일 많이 오는, 영화표가 가장 비싼 시간에 영화를 봐야 할까요? 수요와 공급의 개념을 이해하면 돈을 절약하고 똑똑한 소비자가 될 수 있답니다!

인플레이션(물가상승)

2001년에 서울에서 우유 1리터 가격이 얼마였는지 혹시 아나요? 1,370원이었어요. 2011년에는 2,143원이었고요. 2021년 여름, 우유 1리터는 2,559원입니다. 왜 우유 가격은 시간이 지나면서 계속 올랐을까요?

재화와 서비스의 가격이 올라가는 것은 **인플레이션** 때문입니다. 인플레이션이 일어나는 데는 몇 가지 이유가 있지만, 주로 공급

▫ **인플레이션** inflation
재화와 서비스의 가격이 오르는 현상

은 늘지 않는데 수요가 늘기 때문입니다. 예를 들어 월급이 오르거나 신용 카드 한도가 늘어나서 쓸 수 있는 돈이 더 많아진 경우에 사람들

은 예전보다 많이 소비하려고 할 거예요. 수요가 공급보다 높을 때는 가격이 오른다는 사실을 기억하지요?

2001년, 2011년, 2021년에 또 다른 물건과 서비스의 가격은 어땠는지 한번 살펴봅시다.

물건	2001년	2011년	2021년
달걀 한 판	3138원	6010원	6807원
새우 과자 한 봉지	500원	800원	1100원
지하철 기본 요금	600원	900원	1300원
택시 기본 요금	1600원	2400원	3800원

인플레이션이 발생하면 우리는 같은 돈으로 더 적은 물건밖에 살 수 없어요. 예를 들어 영화표 가격이 10퍼센트 인상되었다면, 1년 전에 1만 원이었던 영화표가 이제는 1만 1,000원으로 올랐을 거예요. 식구가 다섯 명이라고 해 봅시다. 여러분 가족이 올해 영화 한 편을 다같이 보려면 1년 전보다 5,000원을 더 내야 할 거예요.

모은 돈을 모두 돼지 저금통에 넣어 두는 건 똑똑하지 않은 방법인데, 그것도 인플레이션 때문이에요. 예금 통장에 돈을 넣을 때까지만 돼지 저금통에 돈을 모아 두는 게 좋아요. 돈이 불어나지 않는 곳에 돈을 넣어 두면, 미래에 돈을 사용할 때 가치가 그만큼 떨어지게 되니까요.

인플레이션은 은퇴해서 연금을 받는 노인처럼 고정 수입에 의존해 생활하는 사람을 힘들게 할 수 있어요. 인플레이션 시기에 연금의 가치가 떨어지면 노인은 살 수 있는 물건이 줄어드니까요. 똑같은 1만 원으로 지금 마트에서 살 수 있는 물건은 2001년보다 훨씬 적을 거예요. 인플레이션은 해마다 일어나고, 작년에 비해 1~2퍼센트 인플레이션이 일어나는 건 특별할 게 없어요. 그런데 옛날에 미국에서는 인플레이션이 12퍼센트까지 치솟은 적도 있답니다. 해마다 12퍼센트씩 인플레이션이 일어나면, 6년이면 물건 가격이 2배 올라요. 이 말은, 여러분이 가진 돈이 6년 뒤면 절반의 가치밖에 안 된다는 뜻입니다.

실업

실업률은 나라 경제가 건강한지 아닌지를 알려 주는 중요한 지표입니다. 정부는 매월 실업률을 발표해요. 실업이란 일을 할 능력과 의지가 있는 사람이 일을 구하지 못하는 걸 말해요. 실업률이 높다는 건 일자리를

□ **실업률**
unemployment
일하고 싶지만 일자리를 찾지 못한 사람이 얼마나 많은지를 나타내는 숫자

찾는 사람들이 일할 기회를 얻기가 무척 힘들다는 뜻이에요. 일자리가 없는 사람들은 돈을 벌 수 없으니 필요한 물건을 사거나 서비스를 받기 힘들어지고, 힘든 시간을 보내게 돼요. 이런 실업자가 많아지면 물건을 파는 가게나 회사도 (사람들이 물건을 못 사거나 덜 사니까) 판매가 덜 되고 이윤이 떨어질 거예요. 그러면 가게와 회사도 규모를 줄이거나 문을 닫게 되고, 그것은 다시 더 많은 일자리가 줄어드는 결과를 불러와요. 이렇게 돌고 도는 일이 경제가 회복될 때까지 계속 반복되는 거죠.

금융 계획을 세울 때는 일자리를 잃을 가능성도 고려해야 해요. 비상 상황에 대비해 돈을 저축해야 한다는 뜻이지요. 빚이 많은 상태

에서 갑자기 일자리를 잃으면 극한 상황에 내몰리게 돼요. 그러니 자신의 한도 안에서 살아가는 게 매우 중요합니다. 나중에 벌어들일 수입으로 돈을 갚을 수 있겠다 싶더라도, 신용 카드를 함부로 쓰는 건 좋지 않아요.

* 정답은 154쪽에!

CHALLENGE TIME

해당되는 단어 설명에 줄을 그어 주세요. ✓

경제 ●   ● 재화나 서비스를 구매하려는 욕구와 의지

자원 ●   ● 제공 가능한 재화나 서비스

수요 ●   ● 생활에 필요한 재화와 서비스를 만들고 사용하는 모든 활동

공급 ●   ● 공급이 수요보다 클 때 나타나는, 모든 욕구를 충족시키고 난 뒤에도 물량이 남는 상황

부족 ●   ● 땅, 물건, 돈, 사람의 노동 등 재화와 서비스를 생산하는 데 사용되는 모든 것

잉여 ●   ● 수요가 공급보다 클 때 나타나는, 물량이 욕구를 만족시키기에 충분하지 않은 상황

인플레이션 ●   ● 일하고 싶지만 일자리를 찾지 못한 사람이 얼마나 많은지를 나타내는 숫자

실업률 ●   ● 재화와 서비스의 가격이 오르는 현상

9장

주식 시장

지분 — 주식 시장 — 주식

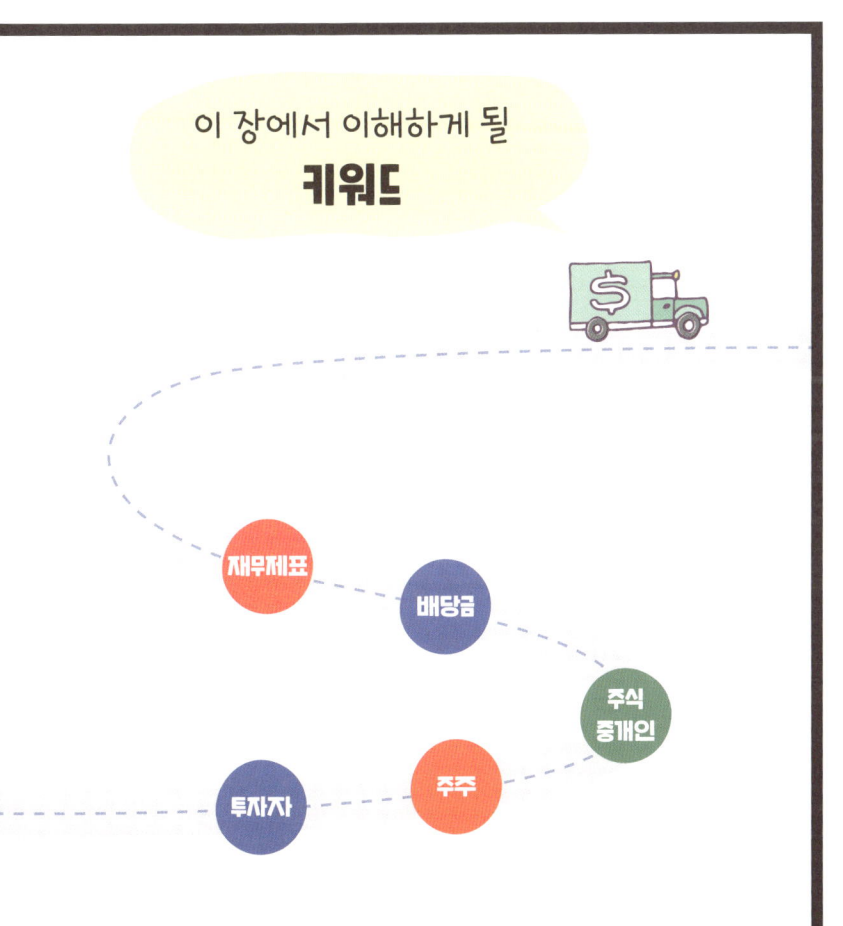

주식회사의 원리

 '주식'이 뭔지 본격적으로 살펴보기에 앞서, 클로이의 컵케이크 애비뉴 제과점에 대한 이야기부터 해 봅시다.

컵케이크 애비뉴는 클로이가 창업한 가게입니다. 사장 클로이가 이 가게를 100퍼센트 소유하고 있다는 뜻이지요. 손님들은 클로이가 매일 구운 컵케이크를 너무 좋아해서 컵케이크는 날개 돋친 듯 팔려 나갔어요. 제과점을 열고 1년 뒤, 컵케이크 애비뉴는 아주 유명한 맛집으로 소문이 났어요.

컵케이크 수요가 늘어나자 클로이는 컵케이크를 더 많이 만들어 팔 수 있도록 오븐 두 대를 더 구매해야겠다고 판단했어요. 새 오븐을 사려면 돈이 필요하죠. 돈많이모아은행에서 대출을 더 받을까 생각도 했지만 대출 이자가 부담스러웠기에 친구 올리비아와 베니에게 자기 사업에 투자해 공동 소유주가 되는 게 어떻겠냐고 제안했어요.

올리비아와 베니는 각각 제과점에 100만 원씩 투자해서 클로이가 오븐을 구입하는 걸 도와주기로 했어요. 이 투자의 대가로 올리

□ **지분** share
사업을 소유하는 몫 또는 그 비율

비아와 베니는 각자 제과점 **지분**을 25퍼센트씩 갖기로 했어요. 만약 클로이가 제과점을 처분할 경우, 클로이는 컵케이크 애비뉴의 지분 50퍼센트를 자기 몫으로 갖게 될 거예요.

클로이는 컵케이크 애비뉴의 절반을 올리비아와 베니에게 팔아 제과점의 소유권을 4개의 동등한 지분으로 나눴어요. 클로이가 제과점의 2분의 1을(즉 50퍼센트를) 소유하고, 베니와 올리비아는 각자 4분의 1을(25퍼센트를) 소유한다는 뜻이에요.

그해 말, 컵케이크 애비뉴에 30만 원의 이윤이 발생했어요. 클로이, 올리비아, 베니는 이윤 중 10만 원은 제과점에 필요한 물품을 사는 데 투자하기로 했죠. 그리고 남은 20만 원을 똑같이 4분의 1로 나누기로 했어요. 클로이가 50퍼센트를 소유하고 있었기에 10만 원을 받았고, 올리비아와 베니는 각자 5만 원씩 받았어요.

몇 달 뒤, 조지가 컵케이크 애비뉴가 잘나간다는 이야기를 듣고는 자기도 공동 소유주가 되고 싶어 했어요. 조지는 제과점의 지분 하나를 100만 원에 사겠다고 제안했어요. 하지만 공동 소유주 중 누구도 이 제안을 받아들이지 않았어요. 그러자 조지는 제안액을 120만 원으로 올렸어요. 올리비아는 그 제안을 받아들이고 자신의 지분을 조지에게 팔았어요.

컵케이크 애비뉴는 장사가 잘 되어 계속 이윤이 남았어요. 클로이, 벤, 조지는 사업이 번창해서 아주 만족스러웠지요. 우리는 지금 클로이가 창업한 작은 컵케이크 가게가 주식회사로 성장하는 과정을 지켜본 셈이에요.

주식 시장이란?

어른이 되면 돈을 은행에 예치해서 불어나게 하는 대신, **주식 시장**에 돈을 투자할 수도 있습니다. 주식 시장은 증권 거래소라고 부르기도 하는데, 이곳에서 누구나 기업의 주식을 사고팔 수 있어요. **주식** 또는 지분은 거래할 수 있는 기업의 일부라고 설명할 수 있겠어요. 주식은 기업 소유권을 나타냅니다. 주식을 사면, 그 기업의 공동 소유주가 되는 셈이지요.

□ **주식 시장**
stock market
공식적으로 등록한 회사의 주식이나 지분을 사고파는 곳

□ **주식** stock
주식 시장에 등록된, 기업의 사고팔 수 있는 일부

주식 시장이 작동하는 원리는 방금 봤던 클로이의 컵케이크 애비뉴 제과점 이야기와 아주 비슷합니다. 기업이 성장하기 위한 자금이 필요할 때, 소유주는 주식을 **투자자**에게 팔 수 있어요. 투자자란 주식 또는 지분을 사는 사람을 말하는데, 그렇게 해서 투자자는 그 기업의 공동 소유주가 되는 거예요. 주식에 투자한 사람을 **주주**라고도 불러요. 올리비아와 베니가 각자 100만 원으로 제과점 지분을 하나씩 샀을 때 두 사람은 컵케이크 애비뉴의 주주가 된 것이지요.

주식은 전 세계에서 거래됩니다. 전 세계 주식 거래소 중에서 가장 큰 곳은 뉴욕 증권 거래소인데, 그곳에서는 2800개 정도의 기업 주식이 거래됩니다. 보통의 개인 투자자는 **주식 중개인**을 통해 주식을 살 수 있어요. 주식 중개인에게 전화를 걸어 주문하거나 증권 회사 웹 사이트에서 온라인으로 주문을 넣으면 거래가 성사되지요.

▫ **투자자** investor
이윤을 기대하고 돈을 제공하는 사람

▫ **주주** shareholder
회사의 지분을 지닌 개인이나 조직

▫ **주식 중개인** stockbroker
투자자를 위해 주식을 사고 팔 권한을 지닌 개인이나 회사

주식 시장에서 돈을 버는 법

이윤의 공유

주주는 기업의 소유자입니다. 기업이 이윤을 내면 주주는 이윤을 나눠 가질 수 있어요. 컵케이크 애비뉴는 개업하고 2년째 되는 해에 30만 원의 이윤을 남겼지요? 이때 클로이가 주주들에게 나눠 준 20만 원은 **배당금**에 해당합니다.

▫ **배당금** dividend
주식 소유자에게 주는 회사의 이익 분배금

주식 가격의 상승

기업이 이윤을 내고 미래도 밝으면 더 많은 투자자가 그 기업의 주식을 사려고 해요. 주식에 대한 수요가 늘면 주식의 가격이 올라가지요. (수요와 공급의 관계 기억하죠?) 사람들은 자신이 산 가격보다 높은 가격에 주식을 팔고 싶어 합니다. 컵케이크 애비뉴의 사례에서, 올리비아는 자신의 주식을 120만 원에 팔아서 이익을 봤어요. 원래 산 가격 100만 원보다 20만 원을 더 받았으니까요.

보통, 주식 시장에서 형성된 엄청난 자금은 주가의 상승의 결과예요. 미국의 유명한 기업에 대해 한번 살펴봅시다. 다음 기업들의 주가가 2012년에서 2015년 사이에 어떻게 변했는지 보세요.

기업	2012년 11월 1일	2015년 11월 2일	변동 폭
허쉬	73달러	88달러	21%
마텔	38달러	25달러	-34%
맥도날드	87달러	112달러	29%
마이크로소프트	27달러	53달러	96%
나이키	49달러	131달러	167%
월트디즈니	50달러	115달러	130%

* 주가는 반올림해서 달러로 표시함

3년 뒤의 변화에 주목해 봅시다. 만약 여러분이 2012년에 맥도날드 주식에 1000달러를 투자했다면, 여러분의 돈은 3년 뒤에 1290달러 정도로 불어났을 거예요. 만약 여러분이 2012년에 1000달러를 나이키 주식에 투자하기로 결정했다면, 2015년 여러분의 돈은 약 2670달러 정도로 불어났을 거예요. 정말 대단하지 않나요?

9장. 주식 시장

주식 시장 투자의 단점

주식 시장은 돈을 벌 수 있는 대단한 기회가 있는 곳이에요. 하지만 주식 투자는 위험 부담도 커요. 앞에 있는 표에서 마텔의 주가를 확인해 보세요. 마텔은 바비 인형 같은 장난감을 만드는 회사예요. 마텔의 장난감은 인기가 많지만, 마텔의 주가는 2012년에 38달러였는데 2015년에는 25달러로 떨어졌어요. 만약 여러분이 2012년에 마텔에 1000달러를 투자했다면, 3년 뒤엔 여러분 돈이 657달러가 되었을 거라는 뜻이에요.

회사가 이윤을 내고 잘나갈 때와는 반대로, 회사가 이윤을 제대로 못 내거나 경쟁 회사에 고객을 빼앗기면 주가가 떨어져요. 투자자들은 운영을 제대로 못 하는 기업을 좋아하지 않아요. 주식을 팔아 치우는 투자자가 많아 공급이 수요보다 커지면 주식 가격의 하락으로 이어져요. 이를 '주가가 떨어진다'고 표현해요.

주식 투자를 할 때는 돈을 잃을 가능성이 있기 때문에 투자하기 전에 조사를 많이 해야 해요. 투자하려는 기업이 뭘 하는 회사인지,

재무제표는 어떤지, 소비자들이 그 회사를 얼마나 좋아하는지 알아야 해요. 또한 어떤 기업과 경쟁하는지, 경쟁은 얼마나 심한지, 그 회사가 앞으로도 잘나갈 수 있을지 알아야겠지요. 누구나 성장 가능성이 크고 이윤을 많이 내는 기업에 투자하고 싶을 테니까요.

□ **재무제표**
financial statements
기업이 한 해 동안의 전체 수입과 지출을 계산해 정리한 보고서

*정답은 155쪽에!

CHALLENGE TIME

해당되는 단어 설명에 줄을 그어 주세요. ✓

지분 ●	● 이윤을 기대하고 돈을 제공하는 사람
주식 시장 ●	● 주식 소유자에게 주는 회사의 이익 분배금
주식 ●	● 회사의 지분을 지닌 개인이나 조직
투자자 ●	● 공식적으로 등록한 회사의 주식이나 지분을 사고파는 곳
주주 ●	● 투자자를 위해 주식을 사고팔 권한을 지닌 개인이나 회사
주식 중개인 ●	● 사업을 소유하는 몫 또는 그 비율
배당금 ●	● 주식 시장에 등록된, 기업의 사고팔 수 있는 일부
재무제표 ●	● 기업이 한 해 동안의 전체 수입과 지출을 계산해 정리한 보고서

10장
세상을 돌고 도는 돈

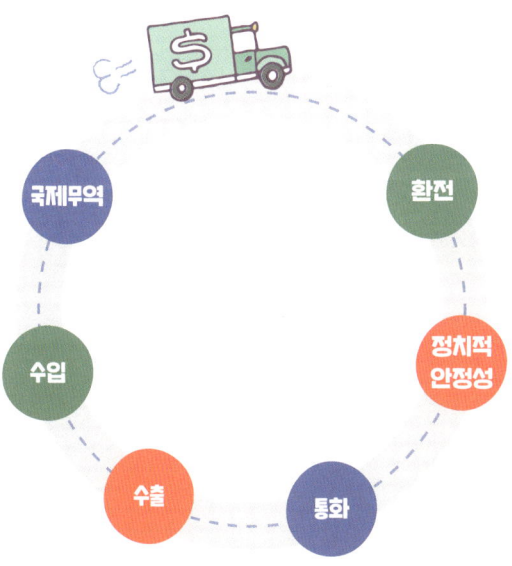

통화가 뭘까?

통화는 각 나라에서 사용하는 돈의 형태를 말합니다. 이 세상에는 190개가 넘는 국가가 있는데, 국가마다 자체적인 통화를 사용하기도 하고 다른 나라와 같은 통화를 사용하기도 해요.

□ **통화** currency
각 나라에서 사용하는 돈의 단위

한국의 통화는 원이에요. 미국 돈은 달러라고 부르고, 중국의 돈은 위안이라고 하죠. 일본 통화는 엔이고요. 유럽의 몇몇 나라는 유로라는 통화를 공동으로 사용하기로 합의했어요. 오스트리아, 벨기에, 키프로스, 에스토니아, 핀란드, 프랑스, 독일, 그리스, 아일랜드, 이탈리아, 라트비아, 리투아니아, 룩셈부르크, 몰타, 네덜란드, 포르투갈, 슬로바키아, 슬로베니아, 스페인이 유로를 사용해요. 같은 유럽이라도 덴마크, 폴란드, 스웨덴 같은 나라는 여전히 자기 나라 화폐를 사용해요.

이 세상에는 160가지 이상의 통화가 있습니다. 이 통화들은 가치가 서로 달라요. 통화의 가치는 통화의 수요와 공급, 경제력, 그 나라의 **정치적 안정성** 같은 요인에 영향을 받습니다.

▫ **정치적 안정성**
political stability
통화를 보장해 주는 정부가 얼마나 튼튼하고 안정적인지 나타내는 기준

환전이란?

통화의 가치가 다르기 때문에 우리는 외국 여행을 갈 때 돈을 외화로 바꾸어야 해요. 한 가지 통화를 다른 통화로 바꾸는 걸 **환전**이라고 해요. 우리는 은행이나 환전소에서 돈을 바꿀 수 있어요. 이렇게 돈을 바꿔 주는 곳에는 환율표를 크게 걸어 두고 있어요.

☐ **환전** foreign exchange
한 가지 통화를 다른 통화로 바꾸는 것

환전할 때는 다음의 단계를 거쳐야 해요.

1단계 얼마나 환전할지 확인한다.

▼

2단계 두 통화 사이의 환율을 확인한다.

▼

3단계 바꾸려는 돈을 환율로 나눠서 새로운 통화로 얼마나 되는지 가치를 확인한다.

조지는 한국에 살고 있어요. 사업차 중국으로 여행을 가려고 해요. 중국에서 20만 원어치 물건을 사서 한국으로 가지고 오고 싶어요. 한국 원화를 중국 위안으로 환전하는 걸 우리가 한번 도와줄까요?

1단계 얼마나 환전할지 확인한다. 20만 원

2단계 중국 위안의 환율을 확인한다. 175.52

3단계 원화를 환율로 나눠서 위안화로 얼마인지 확인한다.
20만 원 ÷ 175.52 = 약 1140위안

국제 무역과 환전

환전은 여행이나 출장을 갈 때도 하지만, 실제로는 **국제 무역**에서 훨씬 더 널리 이루어집니다. 국제 무역은 국가들끼리 재화와 서비스를 교환하는 일이에요. 운송과 커뮤니케이션 기술의 발전 덕분에, 수많은 나라가 더 많은 재화와 서비스를 다른 나라와 주고받게 되었어요. 다른 나라에서 재화와 서비스를 사서 들여오는 것을 **수입**이라고 부르고, 다른 나라에 물건과 서비스를 파는 걸 **수출**이라고 해요.

□ **국제 무역** international trade
나라끼리 재화와 서비스를 교환하는 일

□ **수입** import
필요한 재화나 서비스를 다른 나라에서 구입해 오는 것

□ **수출** export
재화나 서비스를 다른 나라에 파는 것

2020년, 한국은 미국에서 12억 달러어치의 곡물을, 중국에서는 4억 달러어치의 채소와 과일을, 사우디아라비아에서는 152억 달러어치의 석유를 수입했어요. 이렇게 다른 나라에서 물건을 사올 때는 원화나 달러를 그 나라 통화로 바꿔야 해요.

이와 마찬가지로, 여러 나라가 한국에서 물건을 수입해요. 한국이 외국에 수출하는 물건들인 거죠. 2020년, 미국은 한국의 자동차를 210억 달러어치 수입했어요. 한국은 중국에는 284억 달러어치의 반도체를 수출했고, 베트남에는 12억 달러어치의 철강을 수출했어요.

한국의 통화는 원이지만, 방금 우리는 수입하고 수출하는 돈을 달러로 계산했지요? 미국의 통화인 달러는 미국 안에서뿐만 아니라 세계 여러 곳에서 이루어지는 국제 거래에도 널리 쓰이는데, 이런 통화를 **기축 통화**라고 불러요.

□ **기축 통화**
key currency
국제적으로 나라 간의 거래에 환전 없이도 쓰일 수 있는 화폐

마지막으로, 공유의 중요성

이 수업을 시작할 때, 지금 가진 돈으로 할 수 있는 여러 가지 일을 살펴봤어요. 재화와 서비스를 소비할 수도 있고, 미래를 위해 저축할 수도 있고, 투자를 해서 돈을 더 많이 벌 수도 있어요. 아니면 자선 단체에 기부할 수도 있고요.

여러분은 돈을 버는 게 쉽지 않다는 걸 배웠어요. 그런데 기부라니, 힘들게 번 돈을 다른 사람에게 주는 게 불공정하게 보일지도 몰라요. 기부가 왜 가치 있는지 지금부터 살펴보죠.

　기부 방법 중 하나는 자선 단체에 주는 거예요. 자선 단체는 돈을 기부받아 도움이 필요한 사람들을 돕는 조직이에요. 아무리 적은 금액이라도 큰 영향을 줄 수 있어요. 마실 물조차 없어 고생하는 사람이 깨끗한 물을 마시게 해 줄 수도, 형편이 어려운 아이가 앞으로 자기 힘으로 살아갈 만큼 충분히 공부를 할 수 있게 도울 수도 있어요.

    2015년, 미국 억만장자 워런 버핏은 자선 단체에 28억 달러(약 2조 8,000억 원)를 기부했어요. 워런 버핏이 그동안 자선 단체에 기부한 돈은 230억 달러(약 23조 원)에 달한다고 해요. 이 돈으로 얼마나 많은 책, 음식, 깨끗한 물을 꼭 필요한 사람들에게 나눌 수 있을지 상상해 보세요. 워런 버핏은 엄청난 부자니까 그런 기부를 할 수 있다고 생각

하나요? 워런 버핏이 엄청난 부자인 건 사실이에요. 하지만 불우 이웃을 도우려고 억만장자가 될 필요는 없어요. 언제든 아주 적은 금액으로 시작할 수 있어요. 여러분처럼 아직 돈을 벌지 않는 사람은 물건을 기부할 수도 있어요. 자선 단체 중에는 장난감, 책, 학용품, 헌 옷을 받는 곳도 있어요. 기부받은 물건을 필요한 사람에게 나눠 주거나 팔아서 돈을 마련하죠. 액수가 크든 작든 상관없이, 모이면 모일수록 강력한 힘이 된다는 걸 꼭 알았으면 좋겠어요.

자선 단체에 기부하는 일은 스스로 하는 거예요. 돈을 내야 한다는 법이나 규칙 따위는 없어요. 하지만 그런 법이 없더라도, 사람들은 여러 가지 이유로 자신의 돈과 재능을 나누어요. 내가 좋은 일에 도움이 된다는 사실에 만족감이 들어서일 수도 있겠지요. 어떤 사람은 자신이 고생을 해 보았기 때문에 남들은 그러지 않았으면 해서 가난한 학생을 위해 장학금을 내고, 아끼는 가족이 건강했으면 하는 마음에 의료 연구에 기금을 모으는 데 적극적으로 참여하는 사람도 있지요. 누군가는 종교적인 믿음 때문에 돈을 기부해요. 세금을 환급받으려고 기부하는 사람도 있어요. 기부금은 세금을 낼 때 공제 혜택을 받을 수 있으니까요. 이유가 무엇이든, 기부는 자선 단체와 우리 사회에 든든한 힘이 됩니다.

여러분도 워런 버핏처럼 엄청난 돈을 기부해야 하는 건 아니에요. 아무도 그래야 한다고 생각하지 않아요. 여러분이 열심히 공부하고 열심히 일해서, 어른이 되어 돈을 많이 벌고 싶은 마음이 있다면 지금은 그걸로 충분해요. 여러분은 그 노력의 결실을 즐길 수 있을 거예요. 그렇게 되면 기부도 더 많이 하고 불우 이웃도 더 많이 도울 수 있을 거예요.

이 수업에서 여러분은 돈이 얼마나 중요한지, 어떻게 돈을 벌 수 있는지, 돈을 어떻게 사용할 수 있는지 배웠어요. 돈으로 무엇을 할지는 여러분 각자에게 달렸어요. 당장 만족감을 느끼거나 멋져 보이려고 돈을 쓰는 것보다는, 훌륭한 사람이 되기 위해 돈을 지혜롭게 쓰는 게 훨씬 중요하다는 걸 꼭 기억했으면 해요.

CHALLENGE TIME

*정답은 156쪽에!

해당되는 단어 설명에 줄을 그어 주세요. ✓

| 통화 | • | | • | 필요한 재화나 서비스를 다른 나라에서 구입해 오는 것 |

| 정치적 안정성 | • | | • | 한 가지 통화를 다른 통화로 바꾸는 것 |

| 환전 | • | | • | 각 나라에서 사용하는 돈의 단위 |

| 국제 무역 | • | | • | 재화나 서비스를 다른 나라에 파는 것 |

| 수입 | • | | • | 통화를 보장해 주는 정부가 얼마나 튼튼하고 안정적인지 나타내는 기준 |

| 수출 | • | | • | 나라끼리 재화와 서비스를 교환하는 일 |

| 기축 통화 | • | | • | 국제적으로 나라 간의 거래에 환전 없이도 쓰일 수 있는 화폐 |

챌린지 정답

1장 정답 (21쪽)

돈	미래를 위해 돈을 모아 두는 일
재화	돈을 벌고, 관리하고, 쓰는 방법
서비스	미래에 가치나 이익이 불어날 것을 기대하고 돈을 쓰는 일
소비	미래를 위해 모아 두는 돈
저축	눈으로 보고 손으로 만질 수 있는 실제로 존재하는 물건
투자	다른 사람이 노력을 제공해 주는 일
저축금	재화와 서비스를 얻기 위해 맞바꿀 수 있는 것
자선 단체	서비스의 값을 내거나 물건을 사는 데 돈을 쓰는 일
금융	필요한 사람에게 도움을 제공하는 단체 또는 조직

- 돈 — 재화와 서비스를 얻기 위해 맞바꿀 수 있는 것
- 재화 — 눈으로 보고 손으로 만질 수 있는 실제로 존재하는 물건
- 서비스 — 다른 사람이 노력을 제공해 주는 일
- 소비 — 서비스의 값을 내거나 물건을 사는 데 돈을 쓰는 일
- 저축 — 미래를 위해 돈을 모아 두는 일
- 투자 — 미래에 가치나 이익이 불어날 것을 기대하고 돈을 쓰는 일
- 저축금 — 미래를 위해 모아 두는 돈
- 자선 단체 — 필요한 사람에게 도움을 제공하는 단체 또는 조직
- 금융 — 돈을 벌고, 관리하고, 쓰는 방법

2장 정답 (31쪽)

전문화	재화와 서비스를 사거나 파는 것
생산성	교환하는 데 사용할 수 있는 물건
물물 교환	정말로 잘할 수 있는 한 가지를 선택하는 일
거래	재화를 만들거나 서비스를 제공할 수 있는 능력
교환 수단	가지고 있는 사람에게 지불을 약속하는 종이
어음	돈을 사용하지 않고 재화와 서비스를 교환하는 행위
보증	조건이 충족될 것이라는 약속
정부	안전하며 변화나 실패 가능성이 낮은 성질
안정성	국가나 공동체를 이끄는 집단

챌린지 정답

3장 정답 (40쪽)

4장 정답 (54쪽)

5장 정답 (66쪽)

	①과	소	비				
				❷부			❸주
❶②신	용			채			택
용							담
카		③탕	감		❹파		보
드					산		대
		④명	⑤세	서		⑤대	출
⑥현	금		금				

6장 정답 (83쪽)

- 신용 점수 — 신용 평가 보고서에 기초해 받게 되는 점수
- 신분 — 돈이 얼마나 있는지, 부채를 잘 갚을 수 있을지 등 개인에 관한 정보
- 신용 기록 — 차용자가 얼마나 책임감 있게 부채를 제때 갚았는지에 대한 기록
- 현금 서비스 — 신용 카드 회사에서 현금을 빌리는 것
- 은행원 — 고객의 은행 업무를 도와주는 직원
- 학자금 대출 — 교육비를 내기 위해 빌린 돈
- 상환 능력 — 대출을 갚을 수 있는 능력

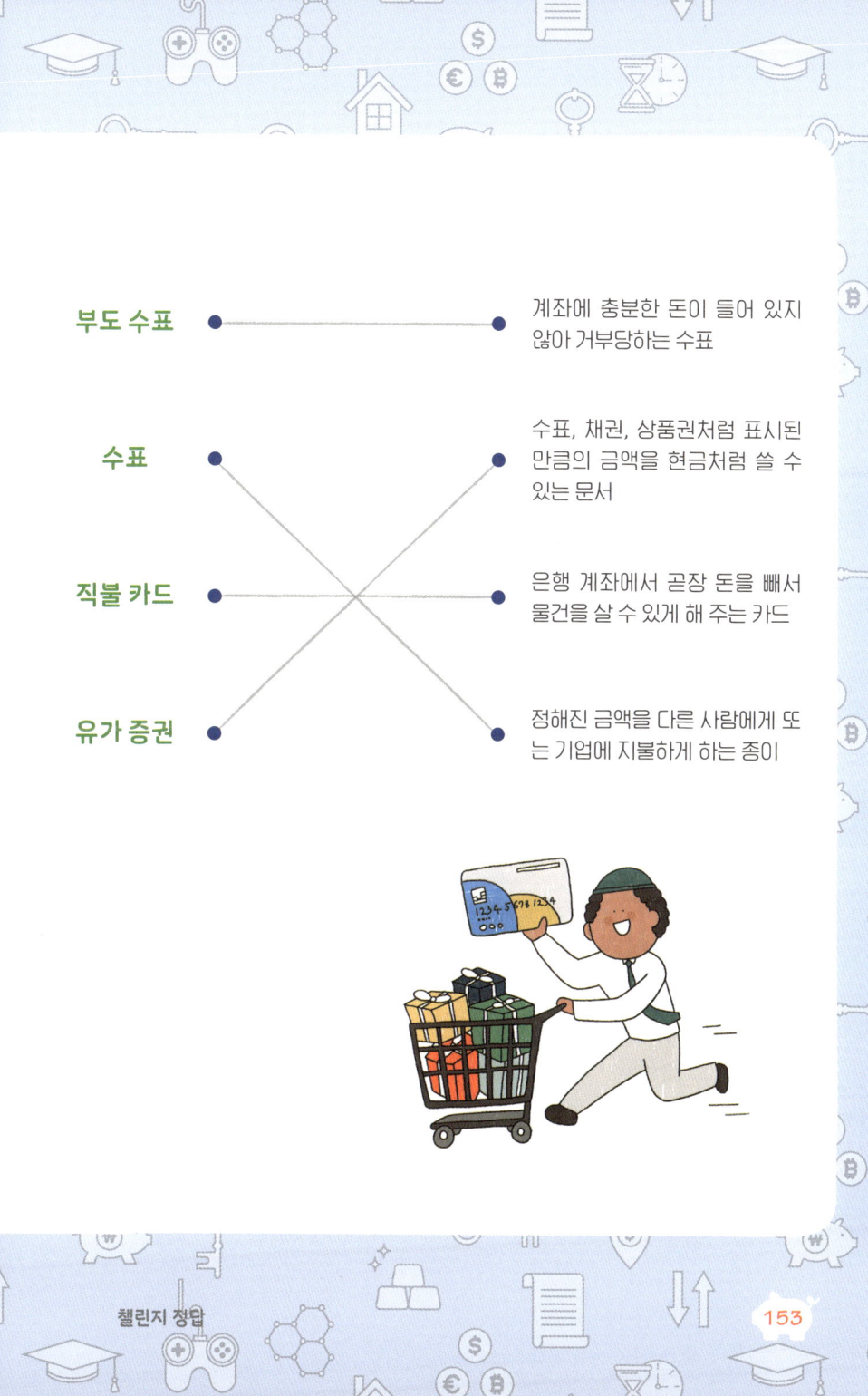

8장 정답 (113쪽)

- 경제 — 생활에 필요한 재화와 서비스를 만들고 사용하는 모든 활동
- 자원 — 땅, 물건, 돈, 사람의 노동 등 재화와 서비스를 생산하는 데 사용되는 모든 것
- 수요 — 재화나 서비스를 구매하려는 욕구와 의지
- 공급 — 제공 가능한 재화나 서비스
- 부족 — 수요가 공급보다 클 때 나타나는, 물량이 욕구를 만족시키기에 충분하지 않은 상황
- 잉여 — 공급이 수요보다 클 때 나타나는, 모든 욕구를 충족시키고 난 뒤에도 물량이 남는 상황
- 인플레이션 — 재화와 서비스의 가격이 오르는 현상
- 실업률 — 일하고 싶지만 일자리를 찾지 못한 사람이 얼마나 많은지를 나타내는 숫자

9장 정답 (129쪽)

- 지분 — 사업을 소유하는 몫 또는 그 비율
- 주식 시장 — 공식적으로 등록한 회사의 주식이나 지분을 사고파는 곳
- 주식 — 주식 시장에 등록된, 기업의 사고팔 수 있는 일부
- 투자자 — 이윤을 기대하고 돈을 제공하는 사람
- 주주 — 회사의 지분을 지닌 개인이나 조직
- 주식 중개인 — 투자자를 위해 주식을 사고팔 권한을 지닌 개인이나 회사
- 배당금 — 주식 소유자에게 주는 회사의 이익 분배금
- 재무제표 — 기업이 한 해 동안의 전체 수입과 지출을 계산해 정리한 보고서

10장 정답 (143쪽)

- 통화 — 각 나라에서 사용하는 돈의 단위
- 정치적 안정성 — 통화를 보장해 주는 정부가 얼마나 튼튼하고 안정적인지 나타내는 기준
- 환전 — 한 가지 통화를 다른 통화로 바꾸는 것
- 국제 무역 — 나라끼리 재화와 서비스를 교환하는 일
- 수입 — 필요한 재화나 서비스를 다른 나라에서 구입해 오는 것
- 수출 — 재화나 서비스를 다른 나라에 파는 것
- 기축 통화 — 국제적으로 나라 간의 거래에 환전 없이도 쓰일 수 있는 화폐

🍃 지은이 **월터 안달**(Walter Andal) 🍃

아테네오 데 마닐라 대학교(Ateneo de Manila University)에서 경영관리를, 미국 캘리포니아의 라베른 대학교(University of La Verne)에서 국제금융을 공부했습니다. 보험, 은행, 부동산, 건강 관리 분야에서 다양한 일을 했습니다. 지금은 아내, 자녀 넷과 함께 미국 로스앤젤레스에 살고 있습니다.

🍃 옮긴이 **김선희** 🍃

한국외국어대학교를 졸업하고 2009년부터 번역가로 활동하며 '김선희's 언택트 번역교실'을 진행하고 있습니다. 단편소설 「십자수」로 근로자문화예술제 대상을 수상했으며, 뮌헨국제청소년도서관(IJB) 펠로십으로 아동 및 청소년 문학을 연구했습니다. 옮긴 책으로 『위저드 오브 원스』 『구스범스』 『윔피 키드』 『멀린』 시리즈, 『베서니와 괴물의 묘약』 『난생처음 북클럽』 『생리를 시작한 너에게』 등 200여 권이 있습니다. 또한 『얼음 공주 투란도트』 『우리 음식에 담긴 12가지 역사 이야기』 등 10여 권의 책을 집필했습니다.

🍃 그린이 **김조이** @kimjoyyyy 🍃

일상의 풍경과 즐거운 것들을 그립니다.
오래도록 마음에 남는 그림을 꿈꾸며 단행본, 잡지, 상업 일러스트 등 다양한 작업을 하고 있습니다.

경제는 어렵지만
부자가 되고 싶어

펴낸날 초판 1쇄 2021년 8월 15일
    초판 5쇄 2023년 12월 24일
지은이 월터 안달
옮긴이 김선희
그린이 김조이
펴낸이 이주애, 홍영완
편집2팀 최혜리, 오경은, 홍은비, 박효주
디자인 기조숙, 박아형, 김주연, 윤신혜
마케팅 김슬기, 김미소, 김태윤, 박진희
해외기획 정미현
경영지원 박소현
펴낸곳 (주)윌북 **출판등록** 제2006-000017호
주소 10881 경기도 파주시 광인사길 217
전화 031-955-3777 **팩스** 031-955-3778
홈페이지 willbookspub.com
블로그 blog.naver.com/willbooks **포스트** post.naver.com/willbooks
트위터 @onwillbooks **인스타그램** @willbooks_pub
ISBN 979-11-5581-386-7 (73320)

· 윌북주니어는 (주)윌북의 어린이 브랜드입니다.
· 책값은 뒤표지에 있습니다.
· 잘못 만들어진 책은 구매하신 서점에서 바꿔 드립니다.